홀로서기
성공 스토리

여성 1인 지식기업가 9명의
홀로서기 성공 스토리

지은이 | 수희향
펴낸곳 | 북포스
펴낸이 | 방현철

편집자 | 공순례
디자인 | 엔드디자인

1판 1쇄 찍은날 | 2015년 04월 03일
1판 1쇄 펴낸날 | 2015년 04월 10일

출판등록 | 2004년 02월 03일 제313-00026호
주소 | 서울시 영등포구 양평동5가 18 우림라이온스밸리 B동 512호
전화 | (02)337-9888
팩스 | (02)337-6665
전자우편 | bhcbang@hanmail.net

이 도서의 국립중앙도서관 출판시도서목록(CIP)은 e-CIP 홈페이지(http://www.nl.go.kr/ecip)와
국가자료공동목록시스템(http://www.nl.go.kr/kolisnet)에서 이용하실 수 있습니다.
(CIP제어번호: 2015009169)

ISBN 978-89-91120-87-7 03190
값 13,000원

여성 1인 지식기업가 9명의

홀로서기 성공 스토리

| 수희향 지음 |

북포스

감사의 말

　여성 1인 지식기업가에 대해 특강을 할 때면 늘 펼쳐지는 풍경이
있다.

　'커리어 우먼도 아니고 여성 1인 지식기업가라니…' 하는 표정의
물결이다. 강의를 들으러 오는 사람들은 점점 늘어나고 있지만, 조
용히 들어와 뒷자리에 다소곳이 앉아 강의를 듣는 대부분 여성은
여전히 이렇게 반응한다. 아무리 세월이 흘러도 여자라는 그 하나
의 이유만으로도 어딘가 뒤로 움츠러드는 게 미덕인 듯 여겨지는
건 변함이 없는 것 같다.

　그렇다. 사실 그냥 커리어 우먼도 아니고, 관계를 중요시하는 여
성들에게 1인, 그것도 지식기업가라는 말까지 붙어 있으니 영 불
편하고 어렵다. 그렇지만 궁금은 하다. 이게 도대체 무슨 의미인
지? 그리고 과연 나도 그 길을 걸을 수 있는 건지? 남성 청중의 호
기 어린 시선보다 어딘가 두려움 반, 호기심 반 연약한 여성 청중
의 시선을 대할 때면 늘 느껴지는 아련함이다.

1인 지식기업가를 풀어써 보면 '1인=내가 곧 브랜드', '지식=무형자산으로 부가가치 창출', '기업가=밥벌이하는 사람'이 된다. 즉 '내 이름을 걸고 내가 좋아하는 일을 하면서 밥 먹고 사는 사람'이 1인 지식기업가다. 여기에 '여성'이라는 단어가 하나 더 붙었을 뿐이며, 여성이라 해서 더 힘들거나 안 될 일 하나 없다. 오히려 다니엘 핑크가 말하는 감성 시대에 더 유리할 수 있다. 세계적인 미래학자 다니엘 핑크는 《새로운 미래가 온다》 등의 저서를 통해 앞으로는 우뇌형 인간이 세계를 이끌어갈 것이라고 예견했다. 공감하고 조화를 이루는 능력이 중요하다는 얘긴데, 이것이야말로 여성의 장점 아닌가.

하지만 현실에서 성공한 여성 1인 지식기업가의 사례를 찾는 일은 쉽지 않았다. 뚜렷하게 발자취를 만들어낸 이도 아직까지는 많지 않고, 있다 해도 "제가 뭘요…" 하는 겸양의 마음이 깊어 앞으로 선뜻 나서지 않으려 하기 때문이다.

그런 만큼 이번에도 서울산업진흥원의 정재선 책임님, 박소영 책임님 그리고 방진호 선임님의 도움이 절대적이었다. 그리고 명로진 인디라이터연구소의 명로진 선생님께서 마치 고대 유물을 찾듯 자신의 제자들 중 두 명의 X-세대를 발굴(?)해주셨는데, 결혼과 육아에 대한 새로운 사회적 흐름을 보여주고 있어 그 의미가 더욱 값졌다.

이번에도 인터뷰 정리와 수정 등 손이 많이 가는 일들을 기꺼이 맡아준 조교이자 공저자들에게 감사를 전한다. 그러고 보니 그녀들과 함께한 시간이 꽤 오래되었음을 새삼 생각하게 된다. 쌓여가는 시간만큼 그녀들 또한 1인 지식기업가로서 자신들의 길에 한 걸음 더 다가가고 있기를 바란다.

그런데 책이란 무엇보다 쓰는 이도 있지만, 만들어주는 이가 있어야 비로소 꼴을 갖추고 세상에 모습을 드러낼 수 있다. 그런 의미에서 북포스의 방현철 대표님을 만난 것은 내게 행운라고밖에는 할 수 없는 한 걸음이었다. 맨 처음 북포스에 들어섰을 때 내 눈을 사로잡은 것은 사무실 한쪽을 장식한 그림작품 같은 블라인드였다. '어라, 카페 분위기가 물씬 풍기는걸…?' 아무래도 출판사 대표님을 처음 뵙는 자리인 만큼 긴장 아닌 긴장을 하며 들어서는 순간이었는데, 나도 모르게 마음이 스르륵 풀리는 걸 느꼈다. 다음으로 시선을 사로잡는 대표님의 환한 미소. 지금 생각해도 절로 웃음이 번지게 하는 천진한(?) 미소를 지닌 분이시다. 그러나 무엇보다 내가 이분과 작품을 하고 싶다 결심하게 한 건 처음부터 끝까지 작가로서의 가치관과 책에 대한 자세에 관해 진정성 있게 열띤 토론을 이끌어주신 점이다. 한마디로 요즘 보기 드물게 책에 대한 안목과 애정을 동시에 지닌 출판인을 만난 순간이었다. 함께 의기투합해서 좋은 작품으로 사회에 일조하자는 그 말씀 잘 지니고 걸어가 보려 한다.

끝으로 이 땅의 모든 어머니께 감사드리고 싶다. 우리가 오늘날 단군 이래 가장 활기차게 여성의 자기계발을 논할 수 있게 된 건, 전적으로 어머니들 덕분임을 인터뷰 내내 절감했다. 목청을 높이거나 겉으로 드러내는 일 없이 자신들의 존재를 거름 삼아 길을 만들어주신 어머니들. 딸들이 일과 가정을 병행해야 했거나 둘 사이의 선택을 놓고 힘겨워할 때 모든 투정을 받아주시고 언제나 가장 든든히 받쳐주셨던 어머니들…. 그분들이 계셨기에 우리가 하고 싶은 일을 하면서 밥을 해결한다는 가슴 시원한 삶을 살아보게 되었다. 단순한 커리어 우먼이 아니라 여성 1인 지식기업가로서 말이다. 21세기라는 시간의 끝자락에서 한 사람의 여성 1인 지식기업가를 배출하기까지는 그 앞의 무수한 어머니들이 당신들의 삶을 깔아주고 이어주었기 때문이리라.

'어머니', 아무리 세월이 흐른다 한들 이를 대치할 수 있는 단어가 있을까. 다시 한 번 뜨거운 사랑과 감사를 전한다.

2015년 1월

수희향

여성 1인 지식기업가들의
여정을 풀어놓으며

단군 이래로 한반도에서 요즘처럼 여성의 자기계발이 활성화되었던 때가 있었을까. 신라 시대 때 여왕들이 있었고, 통일신라 시대 때에도 당나라와의 교류 등에 힘입어 여성 인권이 신장되었다고 이야기들 한다. 하지만 그건 어디까지나 신분제도 최상위의 몇몇에나 통하는 얘기였을 것이다. 온 나라에서 이토록 여성이 남성과 전반적으로 동등한 사회적 지위를 누리며 스스로 인생을 돌이켜보기 시작한 것은 역사상 유례없는 일이 아닌가 하는 생각이다. 바야흐로 황금만능이 아니라 여성만능의 시대가 도래하는 걸까?

궁금했다. 나 자신 여성으로서 1인 지식기업가의 길을 걸으며, 예전과는 달리 특강이나 워크숍에 남성보다 여성의 참여가 훨씬 많아진 것을 보면서 변하고 있는 사회적 흐름을 피부로 느껴왔다. 그러면서 그녀들의 속살 이야기가 궁금했다. 과연 여성 1인 지식기업가들은 남성과 비교할 때 어떤 어려움이 있을까? 아무리 남녀평등 사회라고는 하지만 생물학적으로 출산 및 육아는 여전히 여성들의 몫이다. 이런 상황에서 여성 지식기업가들은 이 길을 어떻게 걷고 있는 걸까? 또, 1인 지식기업가의 길이 여성이라서 더 유리한 점이 있을까? 있다면 과연 무엇일까?

나의 궁금증은 남성 1인 지식기업가들을 인터뷰하면서 꼬리에 꼬리를 물고 이어졌다. 그래서 남성 1인 지식기업가들과의 인터뷰를 담은 《평생 현역으로 살아가는 법: 1인 지식사업가 9명의 홀로서기 성공 스토리》가 끝나자마자 곧바로 '여성 편'에 뛰어들었다.

이후 여성 1인 지식기업가들과 인터뷰를 착착 진행했는데, 예상했던 것보다 엄청난 사실을 발견했다. 유구한 역사를 들먹일 것까지도 없이, 바로 얼마 전까지도 산업혁명이다 민주화 투쟁이다 하여 남성 위주의 분위기가 형성되어온 우리 사회다. 그렇지만 한국 여성은 보이지 않는 곳에서 자신들만의 저력을 발휘하고 있었다. 예컨대 자녀 교육만 봐도 유대인들 못지않게 자녀를 세계적 인재로 키워내는 데 한몫 단단히 했다. 그 힘이 이제 고스란히 자신들의 역량 계발, 자기계발로 이어지고 있다. 전통적으로 가장의 역할을 했던 남성의 고용 불안이 갈수록 심화되고 있지만, 그 충격파의

완충 작용을 하는 게 바로 여성이었다. 앞으로는 여성의 자기계발이 흔들리는 가계, 나아가 국가 경제에서 하나의 대안이 되지 않겠나 생각될 정도다.

한편 남성 1인 지식기업가들은 인터뷰 내내 대체로 짤막한 답변을 했었다. 정보 위주로 이야기를 들려주고, 때론 단답형으로 '네', '아니오'로 끝내는 바람에 인터뷰를 부드럽게 이어가기 위해 전전긍긍한 때가 많았다. 그런데 여성 인터뷰이들은 한 가지를 물으면 세 가지, 네 가지 답을 한꺼번에 주곤 했다. 그리고 인터뷰 말미에는 하나같이 환히 웃으며 덕분에 지나온 삶을 정리할 수 있어서 좋았다고 말했다. 역시 여성의 힘은 수다요, 여성이야말로 관계의 대가들이라는 걸 실감할 수 있었다. 이제 그녀들의 속살 이야기를 엿볼 시간이 된 것 같다.

남성 1인 지식기업가들과 비교할 때 여성 1인 지식기업가들의 가장 큰 특성은 무엇일까? 첫 번째는 대부분 여성이 이미 1인 지식기업가의 길을 걷고 있다는 점일 것이다. 무슨 뜻이냐고? 오늘날이 아무리 남녀 평등 사회라고는 하지만, 예전에 비해 그렇다는 것이지 실제로는 불평등한 부분이 많다. 현재 삼십대 중반 이후 여성들은 사회적으로나 생물학적으로 커리어와 관련한 선택의 폭, 특히나 사다리 오르기에서 남성들보다 불리한 위치에 있는 것이 사실이다. 그런 만큼 일찌감치 살 길을 모색하여 비교적 이른 나이

부터 '자발적 프리랜서'의 길을 걷는다. 남성들이 대부분 '조직에서 버틸 때까지 버틴다'라는 절체절명의 전략을 구사하는 것과 대조적이다. 특히나 싱글이 아니고 자녀가 있는 경우에는 더더욱 그렇다. 커리어와 병행하는 거의 유일한 길로 프리랜서로 나서는 이들이 많다. 1인 지식기업가가 더는 선택이 아닌 대안으로 떠오르고 있는 21세기 대한민국에서 그녀들의 반란을 기대해봐도 좋을 듯하다. 매도 먼저 맞는 것이 낫다는 우리네 속담처럼 남성보다 심적, 환경적 홀로서기가 탄탄히 준비된 그녀들의 이야기는 같은 여성으로서 살짝 통쾌하기까지 하였다.

두 번째는 결혼은 물론이고 육아까지도 이젠 선택 사항이 되어가고 있다는 사실이다. 386 세대까지만 해도 골드 미스니 뭐니 하면서 여성은 '유부녀 아니면 싱글'이라는 두 그룹으로 나뉘었다. 그런데 이번 인터뷰를 통해서 X-세대 여성들은 결혼 후 자녀를 두지 않고 부부 각자의 커리어를 존속해가는 제3의 방식을 채택하기도 한다는 사실을 발견하게 되었다. 골드 미스에 이어 골드 유부녀라는 신조어가 곧 탄생하지 않을까 싶기도 하다. 아무래도 당분간 우리나라 출산율을 끌어올리기는 쉽지 않으리라는 생각이다.

세 번째 특징은 남성들과 달리 여성들이 꼽은 멘토 1위가 '어머니'였다는 사실이다. 아이 키우면서 일하기가 힘들어서 그렇겠거니 싶겠지만, 이 점은 자신이 결혼을 했는지 아닌지에 크게 상관이 없었다. 아무래도 커리어를 쌓아갈수록 아내로서, 어머니로서 제 자리를 지킨다는 것이 얼마나 어려운 일인가를 더욱 실감하게 되기에 그런 것이 아닐까 싶다.

그래서 이 책은 감히 이 땅의 모든 어머니께 바치고 싶다.

21세기 대한민국에서 아직도 현실적 어려움은 곳곳에 지뢰밭처럼 깔려 있다. 하지만 그럼에도 우리네 여성들이 지금처럼 자기 인생을 꽃피우는 이야기를 할 수 있는 건, 힘겹고 어려웠던 지난 세월 동안 묵묵히 우리를 키워주신 어머니들 덕분이 아닐까 생각한다.

그렇게 우리의 시간이 이어져 왔고, 바야흐로 우리는 21세기라는 시간대를 만나 여성 또한 자기 삶을 거침없이 풀어내고 꽃피울 수 있는 시대를 살아가게 되었다. 물론 그리 하기까지 여성이기에 남성과는 다른 기로, 다른 선택을 해야 하지만 그런 만큼 한편으론 여성들만의 다른 이야기가 펼쳐지는 것 또한 사실이라 하겠다. 여기 우리 시대를 앞서가는 아홉 명의 주인공을 소개한다. 삼십대 후반부터 육십대까지 다양한 연령층에 직업군도 각기 다른 선배 여성 1인 지식기업가들의 이야기다.

여성들이어서 1인 지식기업가의 길이 더 유리할까, 불리할까?

그건 오로지 각자의 몫이리라. 이 글을 읽고 많은 여성이 선배들의 발자취를 더듬어 헤아려 세계 무대를 넘나드는 아름다운 향연을 펼쳐나가길 기대해본다. 새내기 여성 1인 지식기업가들의 그 아름다운 출발에 이 책이 작은 등불이 되었으면 하는 바람이다.

차 례

1장 변신의 힘
임회선 | 숲으로 간 물고기

2장 선택의 힘
이길수 | CFP

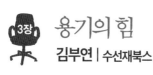

용기의 힘
김부연 | 수선재북스

신념의 힘
이선영 | 이솝가든

5장 경험의 힘

노승연 | RC콘텐츠

6장 현실의 힘

문윤정 | 여행작가

7장 집중의 힘

함혜숙 | 더라인 미디어

8장 저력의 힘
이미리 | 디자이너

9장 전략의 힘
수희향 | 1인회사연구소

무엇과도 바꿀 수 없는 존재가 되려면 늘 달라야 한다.

_ 가브리엘 코코 샤넬

1장

변신의 힘

: 임회선(숲으로 간 물고기) :

임회선

- 할리 데이비슨 코리아 마케팅 부서에서 5년, 듀오에서 커플 매니저로 5년간
  근무
- 메뉴판이 없는 독특한 콘셉트로 마니아층을 형성하고 있는 '숲으로 간 물고
  기' 운영 중
- 작은 카페 메뉴 및 창업 컨설턴트로 활동 중
- 저서: 프러포즈를 기다리는 그녀들에게 필요한 책《결혼에도 전략이 필요해》
  (공저), 현재 요리 관련 서적 집필 중

좋아하는 일로
먹고살 수
없을까

부아아앙~ 붕붕붕붕~

동해안 국도를 따라 오토바이 수백 대가 줄지어 지나간다.

모든 길이 통제되었고, 지나가던 사람들도 가던 길을 멈춘 채 넋을 놓고 쳐다본다.

'저들은 뭐지? 뭐 하는 사람들이길래 검정 가죽 점퍼에 선글라스는 물론이고 부츠까지 신고 저리들 달리고 있지? 전국 조폭들이 다 모였나? 조폭끼리 가문의 운명을 건 한 판 승부를 벌이러 가는 걸까?'

보는 사람들로 하여금 별별 상상을 불러일으키게 하며 맑은 동해 하늘에 푸른 먼지를 날리며 달려가는 수백 대의 오토바이.

바로 할리 데이비슨의 가족 이벤트에 참가하는 이들의 행렬이었다. 평범한 시민들이 보기에는 별세계의 사람들인, 거대한 오토바이를 운전하는 사람들! 한여름에도 시커먼 가죽옷과 부츠, 번쩍거리는 은색 체인으로 무장한 사람들! 사실 알고 보면 그들은 할리 데

이비슨 오토바이를 정말 순수하게, 너무너무 좋아하는 사람들일 따름이다.

그리고 나 임회선은 바로 이 이벤트를 기획하고 홍보하는 할리 데이비슨 마케팅 담당이었다. 특별히 오토바이가 좋아서도 아니고 그렇다고 오토바이 타는 남자가 좋은 것도 아니었지만 우연히 인연을 맺게 되어 이 회사에서 근무하게 되었고, 그렇게 5년을 보냈다.

그 후 슬슬 움직여볼까 생각해서 옮겨간 곳이 결혼정보회사 듀오였다. 커플 매니저라는 직함이었는데, 말만 들어도 어쩐지 설레고 좋은 일만 잔뜩 일어날 것 같은 이름 아닌가. 그 기대에 걸맞게 재미있는 일도 많았지만, 가끔은 영화에서나 볼 법한 찌질남들의 공주님을 향한 로망을 들어주며 직장인으로서 또 다른 5년의 삶을 살았다.

조직이란 곳은 늘 거기가 거기고, 어딘가 비슷한 모습을 지니고 있다. 내 마음이 가는 대로 기획하거나 창의력을 마음껏 발휘할 수 없다는 점에서 그러하고, 어제나 오늘이나 늘 비슷비슷한 날들이 펼쳐진다는 점에서도 그러하고.

직장 생활에 불만이 많았던 것도 아니지만, 그렇다고 딱히 조직의 사다리를 타고 고속 승진을 꿈꿀 정도로 길듦을 받아들일 수도 없었다. 그러던 어느 날, 나는 드디어 결심했다.

'떠나자. 너무 늦기 전에!'

그때 내 나이 삼십대 중반. 여자로서 독립하기에 많은 나이도, 적은 나이도 아니었다.

하지만 그 이상 조직의 물이 배면 안 될 것 같았다. 너무 오래 새장 속에 갇혀 있다가 그 사실조차 망각하게 되면, 그땐 정말이지 누군가 새장 문을 열어줘도 꼼짝 못 하게 될 것 같았다. 아니, 도리어 문을 열어줄까 봐 두려워지는 날이 올 것 같았다. 그러기 전에 나와야 했다. 내 발로, 내가 문을 열고 당당히 세상 속으로.

그렇게 찾아간 곳이 말레이시아였다. 뭔가 분명한 목적이 있었던 건 아니었고, 그렇다고 안식년처럼 1년을 놓고 먹자는 것도 아닌 상태였다. 지인의 일을 도와준다는 제법 그럴싸한 명분을 휘감고 날아갔으니까. 그렇긴 하지만 오랜 직장 생활에서 풀려난 내가 방 안에서 하릴없이 뒹굴지 않고 어떤 일 뒤에 숨어 재정비를 하기에는 딱 좋은 곳, 딱 좋은 시간이었다.

그래서였을까. 바로 그곳에서, 오랜 시간 내 안에 잠들어 있던 요리라는 세포들이 다시 깨어나기 시작하였다.

요리….

내가 그것을 좋아한 게 언제부터였을까를 되돌아보니 시간도 꽤 거슬러 올라가 대학 시절까지 닿아 있다. 대학교 때 혼자 자취를 했는데 나는 흔히 표현하듯 '꽃다운 여대생'과는 달랐다. 엄마가 "김치 보내줄까?" 하시면 "됐어. 그거 담아서 보내는 시간과 경비면 그냥 내가 해먹을래" 할 정도로 요리를 직접 하는 게 좋았다.

더욱이 위장이 약했던 나는 조미료 범벅이 된 음식을 계속해서 먹으면 탈이 나곤 했기에 자의 반 타의 반 집에서 밥을 해먹기 시작했다. 그런데 이게 웬걸, 어디서 배운 것도 아닌데 쓱쓱 썰고 버무리고를 조금만 하면 먹음직한 요리 한 가지가 뚝딱 만들어지곤 했다.

슬슬 자신감이 붙었다. 밖에서 한번 먹어봤는데 조미료가 좀 과하다 싶은 음식은 집에 돌아와 직접 만들어보곤 했다. 자연 그대로의 재료를 사용해서 말이다. 밖에서 파는 것보다 훨씬 맛있는 음식들이 만들어졌다. 입에만 좋은 게 아니라 몸에도 좋은. 바야흐로 친구들 사이에 장금이로 등극하는 순간이었다.

'음…. 아무래도 나만의 식당을 오픈하는 게 좋을 것 같아…'

말레이시아에서는 심지어 듣도 보도 못한 동남아 음식까지 한 번만 먹어보면 만들 수 있게 된 어느 날 문득 떠오른 생각이었다.

그렇게 시작된 나의 꿈, 나의 식당은 2012년 9월 신촌 어느 뒷골목에서 '숲으로 간 물고기'라는 이름으로 세상과 만나게 된다. '숲으로 간 물고기'에 어떤 의미가 담겨 있느냐고? 궁금하면 한번 방문해보시라. 식당 문을 들어서는 순간 아니, 예약을 하기 위해 전화를 거는 순간 그 이유를 알 수 있을 테니 말이다.

지느러미 흔들며
숲으로 가다

일본 드라마 중에 〈심야식당〉이라는 게 있는데 말 그대로 밤 12시
부터 아침 7시까지 영업하는 식당이다. 재미있는 건 이 식당에는
메뉴가 거의 없다는 것이다. 남자 주인공인 식당 주인이 그날그날
가장 싱싱하고 좋다는 재료를 준비하여 그걸로 만들어낼 수 있는
최상의 음식을 만들거나 손님이 이러저러한 음식이 먹고 싶다고
했는데 마침 그 음식을 만들 수 있는 재료가 준비되어 있으면 즉석
에서 만들어주기도 한다.

　음식이 요리되기를 기다리면서 손님들이 한 사람씩, 자신의 그

날 하루를 풀어내기 시작한다. 즐거웠던 일, 속상했던 일, 기뻤던 일, 조금은 슬펐던 일 등등….

그런데 신기하게도 음식을 기다리며 꺼내놓은 마음 속 응어리가 음식을 맛있게 먹다 보면 하나둘 사라진다는 것이다. 슬프거나 우울하거나 속상한 기분들이 말이다. 따듯한 밥 한 그릇에 고달팠던 하루 일상이 위로받는다고나 할까.

처음 방문했을 때는 일본 영화 〈카모메 식당〉이 떠올랐다. 화장기 거의 없는 얼굴에 약간은 털털해 보이는 임회선 대표에게서 진정성이 느껴졌고, 주인을 똑닮은 식당 인테리어가 딱 그랬다. 〈카모메 식당〉은 한때 많은 여성으로 하여금 한 번쯤은 나만의 식당을 오픈해보고 싶다는 로망을 심어주지 않았던가. 그런데 인터뷰를 진행하면 할수록, 특히 심상치 않았던 예약 과정이 떠오르면서 분위기는 '카모메 식당'인데 운영은 어딘가 '심야식당'을 떠올린다는 느낌을 받았다.

물론 굳이 '숲간'(임 대표는 '숲으로 간 물고기'를 줄여서 이렇게 부른다)을 어딘가에 비교할 필요는 없겠지만 그런데도 계속해서 개성 강한 드라마나 영화가 스쳐 지나가는 것은 기존 식당들의 '3대 가능하면 철칙'에서 완전히 벗어나 있어서인 듯하다. 가능하면 사람 발길이 많은 곳에 자리 잡고, 가능하면 빨리 음식을 내놓아서, 가능하면 조금이라도 회전율을 높여 최대한 높은 수익률을 올리려는 철칙 말이다.

숲간은 '도대체 이 식당이 어떻게 운영될까?' 하는 의혹을 불러일으킬 정도로 흔히 알고 있는 식당 경영에 관한 룰을 하나도 지키지 않는다. 신촌 뒷골목을 지키고 있다는 게 아마도 단적인 예가 될 것이다. 정말이지 숲으로 간, 엉뚱한 하지만 그래서 진정으로 자신만의 블루오션을 개척한 1인 지식기업가 물고기인 듯하다.

메뉴가 없는 식당?

숲간은 신촌역 7번 출구에서 밑으로 죽 내려가다 한 골목 안쪽에 자리하고 있다. 단지 한 골목 들어갔을 뿐인데 대로변에 비하면 마치 다른 세상에나 온 양 조용하다. 흔히들 식당 하면 대로변에 자리 잡는 걸 상식으로 치는데 왜 뒷골목에 자리 잡았는지 궁금했다. 임대료 때문이었을까?

"당연히 그 이유도 있었죠. 식당이란 게 그렇잖아요. 단순히 임대료만 비싼 게 문제가 아니라 보증금이며 권리금이며 거기다 인테리어 비용까지. 투자비용이 억! 하고 넘어가는 건 순식간이잖아요. 전 처음부터 일반 식당 콘셉트로 갈 게 아니었기 때문에 일찌감치 대로변을 버리고 오히려 뒷골목 어딘가에 숨어 있는 공간을 찾았어요."

정말 그렇다. 요즘 식당 하나, 카페 하나 오픈하려 하면 아무리 작은 가게라 할지라도 투자비용으로 최소 1억 이상을 준비해야 한다. 더욱이 식당이나 카페를 운영해본 경험이 없는 여성이 오픈하는 경우에는 겁이 나서라도 누군가 하던 자리를 찾게 된다. 그러면 임대료만이 아니라 권리금이라는 것까지 챙겨 줘야 한다. 이런 상식을 깨고 처음부터 과감한 시도를 한 임 대표. 대체 어떤 콘셉트였기에 그랬을까?

"알맹이요. 그러니까 전 가게 인테리어나 음식을 맛깔나 보이게 하는 데코레이션 같은 포장이 아니라 알맹이로 승부해야겠다고 마음먹었어요. 건강한 재료와 건강한 조미료만 사용한 음식을 먹고 싶어 하는 분들을 위한 식당, 바로 저 같은 사람을 위한 식당을 오픈하고 싶었어요. 요즘 사람들 보면 어느 때보다 건강을 신경 쓰잖아요? 그런데 사실 밖에 돌아다녀 보면 사람들 입맛을 돋우느라 그러는지 점점 더 음식 맛이 자극적이고 강렬해지는 것 같아요. 근데 음식 맛이 자극적이 된다는 건 결국 그만큼 강한 조미료를 더 많이 쓴다는 의미거든요."

시작부터 요리에 관한 자신만의 확고한 철학이 있었다는 얘기다. 그래서 굳이 대로변을 고집하지 않고 뒷골목에 앉아서 오다가다 지나는 손님이 아닌 단골 마니아층으로 이끌어 가고자 했다는 의미다.

그러면 부동산 비용은 그렇다 치고 인테리어는 어떻게 처리했을까. 보증금과 권리금 다음으로 식당이나 카페 오픈 시 돈 잡아먹는 하마가 바로 인테리어 비용 아닌가 말이다. 이거야말로 '억!' 소리 나게 하는 주범인데.

"인테리어 거의 안 했어요."

너무도 당당히 말하는 임회선 씨 말에 귀를 의심해야 할 정도였다. 돈을 덕지덕지 바른 느낌까지는 아니어도 그래도 이곳저곳 장식이 버젓이 되어 있는 식당 안에 앉아 있는데 인테리어를 거의 하지 않았다니 말이다.

"제가 원래 성격도 뭘 막 포장하고 꾸미는 걸 안 좋아해요. 더군다나 여긴 처음 시작해보는 숍인 거잖아요. 앞으로 어떻게 될지 모르는데 인테리어하는 데 돈을 펑펑 쓰는 건 정말 못 하겠더라고요. 그래서 아는 분 불러다 저도 짬짬이 도와가며 20일 만에 해치웠어요."

이게 정말 가능한 일일까? 식당 인테리어를 20일 만에 끝내다니…. 그냥 아는 분 불러다 내 손 보태서 대강 했다고 하기에는 분위기도 수준급인데?

"사실 주변에서 보면, 특히 여성분들이 식당이나 카페 오픈할 때 인테리어에 목을 매는 경우가 많잖아요. 벽에 칠한 색이 조금만 마음에 안 들어도 다시 칠하고, 문 하나 달고 보니 이상하다면서 다시 달고, 천장도 예뻐야 하고, 식기도 예뻐야 하고. 심지어 (손님들은 절대 볼 수 없는) 식기 세척기까지 자신의 마음에 꼭 드는 예쁜 거여야 하고 말이죠. 전 근데 이 모든 것을 생략하자 생각했어요. 사실 저라고 왜 할 수 있는 한 최대로 예쁘게 꾸미고 싶지 않았겠어요. 제 첫 번째 숍인데요. 하지만 그렇게 하나씩 늘리다 보면 인테리어 비용이 정말 끝없이 들어갈 수 있다는 걸 예전에 마케팅 부서에서 일하면서 절실히 배웠거든요."

듣고 보니 참 대단하다는 생각이 들었다. 사실 여성이라면 누구나, 더구나 자신의 첫 번째 가게라면 구석구석 좀 더 예쁘게 꾸미고 싶다는 욕심을 낼 것 같기에 말이다. 하지만 임 대표 말처럼 그러다 보면 비용이 한도 끝도 없이 들어가는 것 또한 사실이다. 그런 만큼 처음부터 어느 선을 딱 정해놓고 그 선 안에서 최대한 빨리 공사를 마쳤다는 사실에 다시 한 번 놀라움이 일었다.

그렇다면 오픈까지 걸린 시간은 총 얼마였을까? 보통 3~4개월은 우습고, 길게는 6개월 이상 준비하고 공사하며 보낸다던데 숲간은 과연 얼마 만에 세상과 만나게 된 걸까?

"가게 계약을 2012년 7월 말에 했는데 오픈을 9월 초에 했어요. 계약하고 35일 만에 오픈한 거죠."

전광석화라는 말을 이럴 때 쓰면 될까. 참으로 놀라운 속도다. 너무 서두른 건 아닌지 염려스러워 한마디 건네자 돌아온 답변이 이랬다.

"대신, 자리를 알아보는 기간은 충분히 가졌어요. 그때는 정말 매일 나와서 부암동부터 시작해서 다양한 동네의 모든 골목을 거의 걸어서 다 훑어봤거든요."

아, 그러니까 오랜 시간 자신이 직접 발품을 팔아 장소를 물색했고, 딱! 결정한 뒤에는 빛의 속도로 일을 추진해서 오픈했다는 의미겠다. 참으로 촘촘한 준비 뒤의 효율적 추진이라고 해야 할까. 아무튼 마냥 털털한 성격일 것처럼 보이는 임 대표가 달리 보이는 순간이었다.

그렇게 억 한참 못 미치는 돈을 들여 자신의 식당을 오픈한 뒤, 뒷골목에서 과연 어떻게 버텨내고 있는지 슬슬 궁금해지기 시작했다. 거기다 문득 오기 전 예약을 하면서부터 궁금했던 완전 맞춤형이란 것이 무엇인지 호기심이 일었다.

"그러니까 완전 맞춤형이란 건 손님들은 몇 명이 오고, 얼마짜리로 해달라고 말씀만 해주시면 된다는 거죠. 혹 특별히 안 드시는 음식이 있으면 그것만 말씀해주시면 되고요. 그럼 나머지는 제가 다 알아서 해드려요."

하, 정말?

임 대표 운영전략이 바로 '100퍼센트 예약제'에 메뉴는 '셰프 마음대로'였다!

음식 맛이 궁금해서 인터뷰를 마친 뒤에 점심을 먹으려고 예약을 해둔 참이었다. 그런데 이상한 게 예약 전화를 했을 때 못 먹는 음식이 뭐인지를 묻는 게 아닌가. 당일에 가서 메뉴를 고르면 될 텐데 그런 걸 굳이 왜 묻는지 궁금했던 차다. 그런데 알고 보니 메뉴를 고르는 게 아니라 가격에 맞춰 메뉴까지 알아서 제공해주는, 정말이지 100퍼센트 맞춤형 메뉴였다.

껍데기가 아니라 알맹이에 집중하길

인터뷰를 마치고 맞이한 점심은 두부 파스타였다. 크림 소스를 전혀 넣지 않고 두부와 소금간만 써서 만든 파스타였는데 예상보다 훨씬 맛있었다. 이런 음식을 접할 때마다 느끼는 거지만 먹고 난 뒤에 위에 부담이 전혀 없었다. 그러고 보면 확실히 인공조미료가 위장에 부담을 주긴 주는 것 같다.

건강 위주로 요리를 하는 임 대표는 조미료뿐 아니라 생밀이나 버터도 멀리하고 가능한 한 튀김 음식도 제공하지 않는다고 한다. 참 특이하다는 생각이 드는 한편, 과연 이런 식으로 식당 운영이 될지 살짝 염려스럽기도 했다.

"요리 강좌도 짬짬이 병행하고 있어요. 아무래도 예약제 운영을 계속 이어가려면 저도 또 다른 수입원이 있어야 해서요."

1인 지식기업가들이 반드시 신경 써야 하고 고려해야 하는 멀티 수입 포트폴리오 구성이 식당 경영에서도 적용됨을 보여주는 얘기다. 그녀는 2012년 9월, 개업 1주년을 맞이했다. 오픈하고 나서 가장 힘들다는 개업 후 첫 1년을 무사히 넘긴 것이다. 이제 2년 차로 접어드는 시점에서 돌아볼 때, 그녀를 지금까지 지탱해준 키워드가 뭘지 궁금해졌다.

"건망증이요."

건망증이라니…? 뭔가 더 그럴싸하고 멋진 말을 기대했는데 완전히 뜻밖이었다.

"홀로 걷기를 잘하려면 잊어버릴 건 빨리 잊어버리고 털어버릴 건 잘 털어버려야 하는 것 같아요. 작은 일 하나하나에 연연해서 뒤돌아 생각하고 끙끙 앓고 스트레스받으면, 계속 걸어가는 게 너무 힘들겠더라고요. 제가 원래 성격이 소소한 일을 오래 기억하면서 끙끙거리는 스타일은 아니에요. 그런데 조직을 나와 홀로 걷기를 시작하면서는 더 그렇게 되는 거 같아요."

아, 그런 뜻이었구나.
문득 그리 말하는 임 대표가 애잔하면서도 세상 누구보다 씩씩해 보였다. 아무리 규모가 크지 않다지만 여성 혼자 힘으로 자신만의 식당을 경영한다는 것이 그리 쉬운 일만은 아닐 터이다. 그 좋은 미사여구를 다 놔두고 건망증을 홀로서기 키워드로 꼽는 그녀가 새삼 짠해 보이면서도 누구보다 씩씩해 보였다. 털 건 털고 가야만 갈 수 있다는 그 말이, 그야말로 현장에서 직접 뛰고 부딪히면서 건져올린 그녀만의 쌩얼이란 느낌이 들었다. 그렇다면 그런 그녀가 꼽는 내 인생의 책은 뭘까?

"김훈 선생님의 《칼의 노래》예요. 그 책 보며 참 마음이 그랬어요. 이순신 장군처럼 위대한 분도 홀로 고민하고 홀로 힘겨워하고, 결국에는 홀로 결정하고 그러시잖아요. 그러니 저 같은 사람이 이 정도 일을 혼자 해내는 건 아무것도 아닌 거죠. 아무튼 이 책을 보면서 진짜 인생을 헤쳐나간다는 것이 어떤 건지 많이 배웠어요. 그래서 틈만 나면 후배들한테 이 책을 권하고 어떨 때는 막 사서 주기도 하고 그랬어요."

남녀가 읽는 책에 대해 어떤 선입견을 가진 것은 아니지만, 그래도 임 대표가 김훈의 《칼의 노래》를 내 인생의 책으로 꼽을 것이라고는 예상하지 못했다. 인터뷰 내내 털털하고 씩씩하고 시원시원하게 대답해주던 그녀였지만, 건망증에 이어 내 인생의 책으로

《칼의 노래》를 꼽는 그녀를 보며 문득 핏빛 어린 전쟁을 끝내고 홀로 달빛 아래 또 하루를 고뇌했을 이순신 장군이 떠오른다. 자신의 사업체를 이끌고 간다는 것이 가슴 시리게 고독할 수 있는 길이라는 생각이 들었다. 역시 1인 지식기업가의 길이 말처럼 쉬운 일은 아니라는 생각이 다시금 스쳐 지나갔다. 그런 그녀에게 멘토는 누구였을까?

"엄마요. 저희 엄마가 그런 분이세요. 남동생이 고등학교 다닐 때 담배를 주머니에 넣어뒀다가 엄마한테 걸린 적이 있어요. 남동생은 혼날까 봐 잔뜩 긴장하고 있는데, '야, 학생인데 국산 담배 피우지' 이러신 거예요. 제 남동생이 후에 그 얘기를 하면서 '엄마는 항상 내가 생각하는 것보다 더 크게 보고, 앞서서 얘기하시니까 잘못된 길로 절대 갈 수 없다'고 하더라고요. 저한테도 크게 간섭하지 않으면서 농담처럼 한마디씩 던져주시는데, 그것이 저를 지탱해주는 힘인 것 같아요. '엄마는 너를 믿는다'라는 느낌을 받을 수 있도록 항상 격려해주시거든요. 그래서 제가 결정적인 순간에 흔들리지 않고, 제 계획대로 결단을 내리고 홀로서기를 시작할 수 있었던 것 같아요."

임 대표가 어딘가 어머니를 닮지 않았을까, 하는 생각이 떠오르게 만드는 답이었다. 겉으로 표현은 요즘 말로 쿨하게 하지만, 그리 하기에 어쩌면 그 속내는 더 안타까울지도 모르겠다는 생각이 들었다. 그런 마음 표현하지 않고 늘 흔들림 없이 그 자리에 계셔 주시던 어머니. 그래서 우린 늘 힘들면 어머니를 찾는 게 아닌가 싶다.

그렇다면 이제 임 대표 자신이 멘토가 된다면 어떨까? 막 1인 지식기업가의 길로 들어섰거나 계획하고 있는 인생 후배들에게 해주고 싶은 말이 있다면?

"만약 식당을 꿈꾸는 친구들이 있다면 요리에만 집중하라고 말해주고 싶어요. 즉, 알맹이에만 집중하라는 거죠. 처음 시작할 때는 사실 모든 것이 새롭고 다 혼자 해야 하는 거잖아요. 그러니 알맹이 하나만 잘하기도 굉장히 힘들거든요. 근데 다들 전부를 잘하려고 들어요. 그러다 보니까 오히려 실패하게 되는 듯해요. 알맹이 하나에만 집중하면 설혹 첫 번째 시도에서 실패하더라도 무언가 손에 남는 게 있을 거란 얘기죠. 그럼 그걸 밑받침으로 해서 다시 시도해볼 수도 있을 거고요."

아무래도 현실에서 직접 고군분투해본 사람만이 할 수 있는 이야기가 아닐까 싶다. 일단 현장에서 살아남기 위해선 어떤 번지르

르한 겉치레도 결국 거추장스러운 짐만 될 뿐일 테니 말이다. 그렇다면, 이순신 장군까지 떠올리며 자신을 다잡아 걸어가는 임 대표가 홀로서기를 해서 좋은 것이 있을까? 있다면 과연 무엇일까?

"제 마음대로 해볼 수 있다는 거예요. 조직에선 제 머릿속에 아무리 좋은 생각이 떠오른다고 하더라도 그걸 제 맘대로 실행해볼 수가 없잖아요. 그런데 독립을 하고 보니 그게 가능해졌어요. 물론 책임을 지는 것도 저 자신이긴 하지만 그래도 일단 시도는 해볼 수 있잖아요. 어떤 면에선 '아니면 말고'인 거죠. 하지만 늘 머릿속으로 생각만 하다 끝나는 것보단 전 어찌 되었든 이것저것 시도해보면서 갈 수 있다는 것이 너무나 좋아요. 그것을 알아봐 주는 사람들이 있을 때 성취감도 크고요."

우리나라 첫 문화 세대라고 하는 X-세대가 드디어 마흔을 넘어서고 있다. 10년 이상의 직장 생활을 정리한 후, 홀로 식당을 준비하고 오픈하여 경영 중인 임회선 대표. 독신주의는 아니지만 그렇다고 굳이 결혼을 위한 결혼은 하고 싶지 않다는 그녀여서인지, 결코 쉽지 않을 것 같은 이 길을 가면서도 자신의 생각을 시도해볼 수 있는 자유가 좋다고 한다.

확실히 틀에 박힌 안정적인 모습에 나를 맞추기보다는 조금 거

칠고 힘든 현실과 마주하더라도 그녀 자신의 모습을 찾아서 살아가는 날들 속에서 행복을 느끼는 모습이 전해졌다. 숲간이란 이름에서 배어 나오는 분위기처럼 그 자신 기성 세대의 틀에서 많이 자유로워 보이는 임회선 대표. 그녀 세대들이 만들어갈 숲 속 물고기의 새로운 문화는 과연 어떠할까. 지금까지보다 앞으로가 더 기대되는 X-세대 1인 지식기업가의 행로다.

1인 지식기업가로 가는 실행 로드맵 점검

로드맵 1 : 꿈 혹은 천직을 찾았는가?

임 대표에게 요리는 대학교 때부터 가장 몸에 잘 맞는 옷 중 하나였다고 한다. 물론 요리 외에도 여러 다양한 취미가 있었지만 자신이 좋아하는 일을 하면서도 그걸로 밥까지 해결할 수 있는 취미가 요리였다고 하니, 일찌감치 자신의 천직을 발견한 셈이라고 하겠다.

로드맵 2: 그 일이 자신의 성격과 기질에 맞는지 충분히 검토했는가?

임 대표는 조직 생활을 할 때도 틀에 박힌 업무보다는 창의력을 발휘하는 업무를 선호했다고 말한다. 요리야말로 창의력을 끝없이 발휘할 수 있는 일이다. 요리를 따로 배우지도 않았을뿐더러 레시피를 매뉴얼화하는 것도 꺼릴 정도로 임 대표는 절대적으로 자신이 시도하고 거기서부터 새로운 메뉴를 개발해간다. 그런 만큼 성격과 기질에 가장 잘 맞는 일을 찾은 듯하다.

로드맵 3: 천직의 시장성을 검토했는가?

사실 기질적으로 요리를 좋아하고 잘한다는 사실만으로는 임 대표의 천직이 시장성이 있다거나 없다고 판단하기는 무리다. 레스토랑 업계가 워낙 경쟁이 치열한 레드오션이기 때문이다. 하지만 중요한 것은 그녀가 자신의 식당을 오픈할 때 알맹이를 중시하는, 즉 조미료가 아닌 건강한 음식 개발로 승부하겠다는 철학을 바탕으로 했다는 점이다. 나아가 불특정 다수를 대상으로 하는 것이 아니라 100퍼센트 예약제라는 시스템으로 운영하면서 스스로 시장에서 차별화 포인트를 만들어갔다는 점도 중요하다.

식당이라는 레드오션에서 자신만의 철학과 운영 시스템으로 차별화하여 블루오션을 만들어냈다고 할 수 있을 것이다.

로드맵 4: 천직이 필살기 수준까지 도달하도록 수련했는가?

전문 요리학원을 다녀보았느냐는 질문에 돌아온 답은 '아니오'였다. 그렇다면 어떻게 요리 실력을 연마했느냐고 물었더니 늘 요리 생각을 하고, 요리를 하며 지냈다고 답했다.

그러면서 같은 식재료라 하더라도 생산된 계절이 언제인지에 따라 맛이 천차만별인데, 같은 레시피로 1년 열두 달 같은 맛을 낸다는 것은 조미료에 의존하지 않고서는 불가능하다고 덧붙인다. 요리를 화두처럼 잡고 있다는 느낌이 들었다.

로드맵 5: 최소한의 생존경비는 확보하고 시작했는가?

이 부분은 '네'이기도 하고 '아니오'이기도 하다고 답했다. 창업을 하면서 자본금이 전부 식당에 투자되어서 오픈 이후 비즈니스가 정상화될 때까지도 아주 많은 생존경비를 비축하고 가지는 못했다고 한다.

하지만 억 단위까지는 아니더라도 자기자본으로 식당을 오픈하였으니, 이 정도면 1인 지식기업가로의 길을 떠나기 전 준비금은 충분했다고 보는 것이 타당할 것 같다.

로드맵 6: 초기 수입의 다각화를 모색했는가?

1인 지식기업가의 길을 식당 경영으로 삼았으니 식당 운영 외에 다른 수입 포트폴리오를 구성하기는 어려웠으리라고 본다. 아직 매출이 크게 일어나기 이전인 2013년 2월부터 요리 강좌를 시작했는데, 이를 수입의 다각화 모델로 보아도 무방할 것 같다.

로드맵 7: 멘토가 있었는가?

식당 창업이나 전문 셰프 중 누군가를 멘토로 삼고 그 길을 따라가기보다는 어머니가 물려준 기질과 추진력을 기초로 홀로서기의 길을 걷고 있다.

로드맵 8: 1인 지식기업가 초창기, 나보다 큰 커뮤니티에서 채널 마케팅을 시작했는가?

이 부분이 인터뷰를 하면서 가장 안타까웠던 부분이기도 한데, 성격 탓인지 적극적인 마케팅 활동을 하지 않고 있다. 숲간의 메인 마케팅 전략은 단골이 단골을 불러오는 것이다. 즉, 한 번 단골이 된 분들이 지인들을 데려와 다시 단골이 되게 하는 구전 마케팅이다.

물론 구전이야말로 어떤 측면에선 가장 바람직하고 효과적인 마케팅 전략이긴 하지만, 조금 더 적극적으로 자신의 식당 콘셉트를 알리면 좋겠다는 아쉬움이 남았다.

로드맵 9: 개인 마케팅의 정점인 책 쓰기를 시도했는가?

2014년 2월 인디라이터 동기와 함께 펴낸 《결혼에도 전략이 필요해》(이지북)가 있으며, 현재는 요리 에세이를 준비 중이다. 결혼 이야기를 다룬 첫 번째 책이 과거의 경력을 활용한 책이라면, 두 번째 출간될 요리 관련 책은 바야흐로 자신의 현재진행형 삶을 세상에 드러낼 책이 될 듯하다. 조용한 행보지만 1인 기업가로서 탄탄한 걸음을 걷고 있다는 느낌이다.

2장

선택의 힘

: 이길수(CFP) :

이길수

- '모든 선택은 스스로 책임진다'라는 철학을 가지고 살아간다.
- 투자신탁 여사원으로 입사하여 20년 후 지점장이 되다.
- 무엇을 얻고 무엇을 놓을 것인가를 고민한 끝에 생각대로 일하기 위해 영업직으로 이직하다.
- 일이 삶의 에너지를 모두 가져가 버렸을 때 스승을 만나다.
- 2012년 구본형 변화경영연구소 연구원을 계기로 일터가 사업장이 되다.
- 회사에 몸담고 있지만 1인 기업가로의 변화를 모색하다.
- 아직 부족함이 많지만 스스로 선택하고 온전히 책임지는 삶의 자유를 누리며 일하고 있다.

자유로운 바람처럼

늘 내가 느끼던 바람이 아니다. 말 위에 있는 내게 다가오는 바람은. 서울이란 대도시의 바람도 아니다.

뭐랄까…, 바람조차 내가 조금만 위치를 바꾸면 달리 느껴진다는 걸 그때 처음으로 깨달았다.

그 순간이었다. 눈물이 툭! 하고 터진 것이.

이곳에선 괜찮을 것 같다. 아무도 나를 모르는 이 낯선 곳, 낯선 땅에서는 소리 내어 울어도 괜찮을 것 같다. 지난 27년 평사원으로 시작해서 잘나간다는 강남 모처의 지점장 자리까지 올랐다. 창사 이래 두 번째 여성 지점장이 되면서 나름대로 인정받는 삶을 살아왔다고 자부했다. 하지만 탄탄대로이던 삶이 발령장 하나로 한순간에 날아가 버렸다.

상상해본 적도 없는 일이었다. 그래서 더욱 현실로 받아들이기가 너무 힘들다.

그래, 한 번쯤은 생각했어야 하고, 준비도 했어야 하는데…

비록 완전히 새로운 삶을 준비해놓지 못한다 하더라도, 최소한 생각이라도 했어야 하는데…

나는 왜 이런 일이 내게 닥칠 거라고 한 번도 생각하지 않았던 걸까?

이런 일이 있기는 하겠지만, 그거야 순전히 남의 일이고 내 일일 순 없다고 믿었던 걸까?

지점장에서 부장으로의 좌천. 27년간 앞만 보고 달려온 삶이 한순간에 물거품이 되는 일이었다. 그리고 난 그걸 받아들고서야 결심했다. 더는 타인에 의해 세상에 의해 내 삶의 사다리가 송두리째 날아가는 일을 겪지 않겠다고, 이제 두 번 다시는 조직의 시녀가 되어 허울 좋은 지점장 자리 꿰차고 앉아 황금탑의 거짓 주인 노릇은 안 하겠다 결심했다. 다시 밑바닥에서 시작하는 한이 있어도 지금부터 정말이지 내가 주도하는 내 삶을 살겠다 결심했다. 예상 밖의 발령장을 받아들고 발밑이 온통 무너져 내리는 경험을 하면서 나는 수없이 결심을 되뇌었다.

갑자기 쳐다보기도 싫어진 서울을 떠나고 싶었다. 몽골에 가기로 했다. 내친 김에 일사천리로 준비를 마쳐 공항까지 갔지만, 그래놓고도 내 발걸음에는 여전히 망설임이 있었다.

'갈까? 말까? 이렇게 떠나는 게 좋은 걸까? 나쁜 걸까?'

27년간 휴가다운 휴가 한 번 마음 놓고 쓰지 못했던 나는 결국 사지로 몰려 숨통 트일 곳을 찾아 떠나는 그 길에서까지 홀가분하지 못했다. 생각이 천 갈래, 만 갈래 피어올랐다 흩어지길 반복했다. 참 어처구니없을 정도로 조직에 길들었다는 생각에 씁쓸했다.

공항 라운지에서 발끝을 톡톡 차며 갈등하던 나는, 마침내 떠나기로 마음먹었다.

'까짓 거, 한번 벗어나 보는 거지 뭐!'

몽골의 초원은 내 안에 오래도록 잠들어 있던 야생의 생명력을 일깨워주었다. 그 생명력이 다시 깨어나던 날, 난 거침없이 터져 나오는 눈물에 몸을 주체하기 힘들었다. 27년 세월 뒤에 받은 발령장이 그 정도로 충격이었다는 걸 나조차도 몰랐었나 보다….

그렇게 나 홀로 씻김굿을 하듯 다 토해내고 서울로 돌아와서는 새로운 조직으로 옮겨갔다. 갓 입사한 새내기 시절부터 그 회사를 떠날 생각은 한 번도 한 적이 없었는데, 이제 새로운 곳에서 내 커리어를 이어가야 했다.

하지만 누가 알았을까. 거기가 끝이 아니었음을.

인생은 내게 더 처절한 선택을 강요했다. 난 비로소 모든 허상을 던져버리고 온전한 자유를 선택했다.

자발적 계약직.

계약직이라니, 내 평생 한순간도 꿈조차 꾸지 않던 일이었다. 하지만 난 변하지 않으면 죽음 같은 삶만이 기다리고 있으리라는 걸 온몸으로 느꼈다. 그래서 죽은 모든 세포를 떨쳐내고 새 생명을 잉태하는 마음으로 스스로 계약직의 자리를 선택했다.

그리고 난 비로소 날아올랐다. 자유의 몸이 되어.

그 오랜 시간 나를 옥죄고 얽매던 세상 모든 굴레에서 벗어나, 난 생처음 온전한 자유의 몸이 된 것이다. 자유는 짜릿한 한편 고독했으며, 쇠사슬을 끊어낸 흔적에 때론 아픔도 느껴졌다. 하지만 그래도 자유는 자유였다. 과거에 대한 미련에 시달리며 다시 그 시절로 돌아가고 싶다는 생각을 말끔히 씻어내는, 그게 바로 자유다.

하루아침에
거꾸로 놓인 사다리

이길수 부장은 열아홉 살에 사원으로 입사해서 D투자신탁 두 번째로 여성 지점장까지 올라가며 업계에서 한 획을 그은 인물이다. 27년간 한 걸음씩 위로 올라가는 것만 생각해왔을 뿐, 다른 선택이나 내려오는 길에 대해서는 생각해본 적이 없었다고 한다. 그만큼 한 걸음 한 걸음을 실력과 노력으로 만들어 올라가며 자기 일에 긍지와 자부심을 느끼고 있었다고.

그런 그녀가 지점장이 된 지 4년 차인 2009년에 본사 부장으로 발령장을 받았고, 그와 동시에 이 모든 황금탑이 무너져 내렸다.

그녀에게 도대체 무슨 일이 있었던 걸까?

"부하 직원의 실수 하나가 빌미가 되었죠. 원래 커다란 둑도 작은 구멍 하나에서 새기 시작해서 어느 날 전체가 무너져 내리기도 하는 거잖아요. 저 역시 그랬던 것 같아요. 처음 부하 직원의 실수를 알게 되었을 때만 해도 그 일로 인해 제가 지점장 자리에서까지 밀려날 줄은 꿈에도 몰랐죠."

본인의 실수도 아니고 부하 직원의 실수로 하루아침에 좌천된 그녀는 한순간에 인생이 바뀔 수도 있다는 사실 그 자체가 너무 충격스러웠다고 한다. 증권 시장의 꽃이라 할 수 있는 지점장의 위치에서 백의종군해야 하는 거나 마찬가지인 본사 부장으로 발령이 났으니 왜 안 그렇겠는가. 자신이 쌓아올린 27년 탑이 견고하고 흔들림 없다 믿었던 만큼 그 충격은 더했으리라.

조직 사다리 맨 꼭대기에서도 한 방에 날아갈 수 있다는 걸 경험하며 그저 숨을 좀 쉬고 싶어서 몽골로 날아갔다는 그녀. 거기에서 이 부장은 타인으로부터, 세상으로부터, 흔들리는 삶으로부터 자유로워져야겠다고 결심했다고 한다.

그렇게 서울로 돌아와 27년 세월의 영욕을 뒤로하고 새로운 곳으로 옮겨 앉은 것이 2008년 9월. 이때까지만 해도 여전히 높은 대우에 안정적인 급여를 받는, 충격은 받았지만 그래도 대접받는 위치였다고 한다.

그러나 워낙 한 방의 충격이 컸던지라 조직의 이름으로 혜택을 받을 수 있는 위치가 아닌 순전히 자신의 이름과 실력으로 생존할 수 있는 자리로 옮겼고, 그때부턴 본격적으로 자기 이름을 걸고 살아남을 수 있는지를 시험하기 시작했다고 한다.

하지만 정작 거대한 파도는 아직이었다.

옮긴 곳에서 몇 년간 공들여 자신의 명성을 서서히 회복하기 시작하던 2010년 어느 날. 지난 회사에서 몇 년 전에 시작한 상장회사 건이 폐지되면서 그 후폭풍이 옮긴 곳에까지 날아들었다. 투자자들의 투자액이 한순간에 증발하면서 모든 이들의 모든 것이 사라지고 말았다. 패닉 그 자체였다고 한다.

자본 손실과 책임 소재 등 2010년 내내 여러 가지 이야기들이 오가면서 일상을 다시금 뒤흔들어 놓았다. 그런데 그 가운데서도 그녀를 가장 괴롭힌 건 자기 일에 대한 자긍심이 흔들리기 시작했다는 점이다.

"제가 의도하진 않았지만, 누군가 나를 믿고 투자를 했는데 그게 한순간에 물거품이 되는 걸 처음 눈앞에서 목격하게 된 거죠. 지금까지 그런 일은 한 번도 없었거든요. 그래도 제가 이 일을 하면서 나름대로 자긍심만큼은 잃지 않고 살아왔는데 거의 30년 가까이 걸어와 마지막에 감당키 어려운 펀치를 맞은 거였죠. 살면서 가장 힘들었던 시기였던 것 같아요."

이 시절 자신은 몰랐는데 친구들이 매일 아침 출근했는지를 체크할 정도로 이 부장의 고민은 깊었다. 친구들의 우려가 허황되지만은 않은 것이 아이들도 다 컸겠다, 그만 살아도 큰 문제는 없을 것 같다는 생각을 그 자신 여러 번 했다고 한다. 지점장이라는 황금성에서 내려온 것만도 엄청나게 충격스러울 텐데, 그나마 그녀를 지탱해주던 자긍심마저 뿌리 뽑히는 순간이었으니 그녀로서는 참으로 세상 전부가 폐허처럼 무너지는 것 같았으리라. 이야기하는 그녀도 듣는 이들도 마음이 축축해지는 순간이었다.

화려함을 뒤로하고 내 안의 나를 찾아 떠나다

그렇게 인생에서 가장 모진 2010년을 보내고 허공에 붕 뜬 것처럼 2011년을 보낸 뒤, 2012년 돌연히 변화경영연구소의 연구원이 된다. 어찌 된 일일까?

"어딘가에 날 좀 '빡세게' 밀어 넣지 않고서는 도저히 살 수가 없겠더라고요. 그런 절 보고 친구가 변화경영연구소를 소개해줬죠. 사실 그때까지 전 구본형이란 분이 누군지도 잘 몰랐어요. 그런데 커리큘럼을 보니 엄청나게 빡세겠더라고요. 딴 생각을 할 틈이 없을 정도로. 잘 됐다 싶었죠. 거기다 커리큘럼 대개가 인문고전으로 빡빡하게 채워져 있어서 그때 제게 딱이란 생각이 들었어요. 이걸 하면 무언가 내 안에서 중심이 잡히지 않을까 하는 기대가 생기더군요."

그녀의 이야기를 가만히 듣고 있노라니 외부적으로 한 번의 삐끗거림도 없이 조직의 사다리를 열과 성을 다해 올라가던 어느 날, 강펀치 두 방에 삶이 한순간에 뿌리부터 뒤흔들리게 된 것 같은 느낌이다. 다행히 완전히 뿌리째 뽑히기 전 그녀는 정신을 가다듬었고, 다시금 자신의 중심을 잡고자 변화경영연구소에서 새로운 시작을 하게 되었다고.

그래서였을까? 2012년 5월, 그녀는 마침내 지난 세월 전부를 청산하고 지점장에서 부장으로, 다시 그마저도 내려놓고 자발적 계약직으로 전환하게 된다. 결코 쉬운 일이 아니었을 것 같은데 무엇이 그녀로 하여금 이런 결정을 내리게 했을까?

"변경연 연구원 과정이란 게, 시작해보니 생각보다 훨씬 더 빡빡 하더라고요. 도저히 정규직을 하면서 할 일이 아닌 거예요. 만약 그렇다면 주변 사람들한테 엄청나게 욕먹어가며 민폐 끼쳐가며 해야 하는데, 제 성격상 죽어도 그렇게는 못 하겠더라고요. 그럼 방법은 딱 하나, 돈을 적게 버는 걸 감수하는 거죠. 그래서 계약 직으로 돌렸어요."

정규직을 하면서 병행하기에는 과정이 너무 빡빡하니 상대적으 로 의무나 책임이 덜한 계약직으로 옮겼다는 의미인데, 이론은 명 쾌하지만 현실은 늘 그렇지 못해서 현실 아닌가. 그렇게까지 하면 서 변경연 연구원을 할 이유나 가치가 있었을까?

"그때까지 전 제가 참 잘 살아왔다고 생각했어요. 겉으로 보기에 안정적인 위치에 보수도 나쁘지 않았고. 근데 어느 날 가만히 보 니까 삶이 그런 게 아닌 거예요. 지금까진 운이 좋았던 거고, 사 실 진작에 그런 일을 당할 수도 있었던 거죠. 퍼뜩 정신이 들었다 고나 할까요. 아무리 제 나이가 중년을 넘어가고는 있다지만 요 즘 세상에 일은 한참 더 해도 될 것 같고, 해야 하기도 한데, 그냥 그대로 계속 걸어가선 안 되겠다는 깨달음을 얻은 거죠. 결국 영 원히 안정된 것은 아무것도 없다는 걸 깨닫고, 변경연 과정을 통해 새로운 삶을 그려보고 싶었어요. 그러려면 현업의 책무나 의무를 줄일 수 있는 만큼 줄여야겠다는 생각이었죠. 물론 그에 따른 금전적 감소는 제가 감당해야 할 몫인 거고요."

브레이크 없는 삶. 화려할 것 같지만 한편으론 참 위험한 삶일 수도 있겠다는 생각이 들었다. 한 번 꺾이기 시작하면, 도저히 준비되지 않은 상황에서 정신적 공황상태에 빠질 수도 있으리라. 그런 회오리바람 속에서 이 부장은 천만다행으로 땅속 굳건한 뿌리를 움켜쥐었다는 생각이 들었다. 아니었으면 자칫 회오리바람이 지나간 뒤 모든 것이 흔적 없이 사라질 수도 있었을 테니 말이다. 조직의 사다리, 화려한 만큼 한 사람의 삶을 한순간에 송두리째 앗아갈 수 있는 참 무서운 곳이란 느낌이 들었다.

내가 진짜 누구인지 생각해두길

그런 그녀가 현재 집중하고 있는 일은 무엇일까?

"연구원을 하면서 가장 크게 얻은 것이 자기를 들여다보는 힘인 것 같아요. 이걸 미리 알았다면 한 번쯤 인생의 중간 어딘가에서 삶의 이정표를 재정비했을 텐데 말이죠. 그렇지만 지금이라도 비로소 나를 여러 방면에서 바라보기 시작하고 객관적으로 볼 수 있게 되어 참 다행이란 생각이 듭니다. 그런 시각으로 바라보니 새로운 삶을 준비하는 것이 크게 두렵지 않고요. 그래서 현재는 이 연장선에서 책 쓰기를 준비하고 있어요. 이런저런 이야기들을 저만의 콘텐츠로 엮어보려고요. 그러다 보면 책이 또 저를 어딘가로 이끌어줄 것 같습니다."

2012년부터 계약직을 선택하고 길을 떠난 후 지금까지 오로지 자기 안으로 파고들어 가 답을 찾고 있다는 이길수 부장. 이제 슬슬 자신의 이야기를 콘텐츠화할 때가 다가오는 듯하다고 말한다. 그런 그녀에게 내 인생의 책은 무엇일까?

"《어린 왕자》예요. 살면서 결국 가장 중요한 건 역시 사람과의 관계인 것 같아요. 모든 일이 사람과의 관계에 따라 흐름도 결과도 다 달라지는 거라는 걸 깨달은 거죠. 어린 왕자는 그런 책이잖아요. 처음부터 끝까지 사람과의 관계에 대해 이야기하는 책."

그래서 그런지 그녀의 좌우명은 논어의 '인무원려, 필유근우(人無遠慮, 必有近憂)'라고 한다. '먼 곳에 대해 긴 호흡으로 생각하지 않으면, 가까운 곳에 늘 근심이 있다'는 뜻이다. 거친 회오리바람을 거쳐 나온 사람만이 깨달을 수 있는 인생의 통찰력이 아닐까 싶다. 허허벌판을 거치면서도 자신 안의 뿌리를 지켜낼 수 있었던 그녀에게 과연 멘토는 누구였을까 궁금했다.

"엄마요. 그런 거 있잖아요. 어릴 땐 지식과 지혜의 차이를 잘 몰랐어요. 그런데 나이가 들수록 어머니란 존재가 얼마나 지혜로운 분인지 점점 깨달아가는 것 같아요. 그러면서 어머니가 해주시는 말씀들에 점점 더 귀를 기울이게 되는 거죠."

역시나 어머니가 또 다시 멘토로 등장하는 순간이다. 지혜와 지식의 차이라…. 참으로 인생의 쓴맛을 보지 않고서는 깨닫기 어려운 차이점이 아닐까 싶다. 살면서 정말이지 지식보단 지혜가 훨씬 더 소중하고 필요한데, 어째서 우린 그 수많은 시간을 보내는 학교에선 지식만 전수받는 건지 다시금 안타까워진다. 우리는 이 땅의 수많은 어머니를 지식이라는 잣대로 평가하며 그분들의 지혜를 너무 소홀히 하고 있는 건 아닐까.

그런 그녀는 육아와 회사 일을 어떻게 병행하며 지점장 자리까지 올라갈 수 있었을까?

"시집살이 덕분이라고 해야 할까요? 시집올 때부터 시부모님을 모시고 살았어요. 그런데 주방이란 공간이 두 사람이 함께 점유할 수 있는 공간이 아닌 거예요. 누군가 한 사람이 주도권을 잡고 있어야 하는 곳이죠. 그런데 제가 일을 하다 보니 자연히 어머니가 주방을 지배하시게 되고, 그러다 보니 저는 점점 더 주방에선 멀어지게 되고. 그러면서 자연히 역할이 나뉘게 됐어요."

신혼 때부터 시집살이를 하였으니 남편과 단둘이 누릴 수 있는 알콩달콩 신혼의 추억은 많지 않겠지만, 대신 커리어 우먼으로서 집 밖에서 회사에 집중하기는 조금 더 유리했다는 말이었다.

이 부분에서 참으로 '여자의 삶'에 대해서 다시 한 번 생각해보지 않을 수 없었다. 만약 이 부장이 시집살이를 하지 않았다면 어땠을까? 그렇다면 살림과 육아에 치어서 지점장까지 올라가기 어려웠을까? 반대로 지점장이란 커리어를 얻는 대신 평생 시집살이를 하면서 자신만의 공간에서 자신만의 살림을 해보지 못한 것에 대한 미련이나 안타까움은 없었을까? 아무리 사회적으로 남녀 간 불평등이 많이 완화되었다고는 하지만, 생물학적으로 출산과 육아라는 부분은 여전히 여자들에게 보다 많은 책임감을 안겨준다. 가정생활과 조직의 사다리 타기를 병행하기란 어떤 형태로든 여자들에게 여전히 어느 한쪽의 선택을 요구한다는 느낌이 들었다.

그런 그녀가 인생의 후배들에게 주고 싶은 말은 무엇일까?

"벼랑 끝에 몰릴 때까지 있지 말고 평상시에 미리미리 내가 누구인지, 내가 진짜 좋아하는 삶이 무엇인지를 적어도 생각만이라도 해두라고 말해주고 싶어요. 아무리 표면적으로 안정적으로 보여도 한 방에 갈 수 있는 게 인생이니까요. 만에 하나 내게 그런 일이 닥쳤을 때, 최소한 생각이라도 해둔 사람과 그렇지 못한 사람은 하늘과 땅 차이거든요. 생각을 하고 준비까지 해뒀다면 덜 허둥대겠죠. 나를 알아가고 준비하는 일도 어느 정도 시간이 필요한 일이니, 평상시 부지런히 해둬야 한다고 말해주고 싶어요."

스스로 가장 높은 곳까지 올라가서 한순간에 추락의 위기에 내몰렸다가 그곳에서 자신을 건져 올린 생생한 경험이 있기에 이런 조언을 하는 것이리라. 이길수 부장, 그녀는 벼랑 끝에서 백의종군을 선택하며 아차 하면 낭떠러지 밑으로 추락할 수 있는 자신의 삶을 마지막 순간에 스스로 구제했다는 생각이 들었다.

그런 만큼 그녀는 계약직으로 전환한 지금, 거대 조직 속에서 1인 기업가처럼 자신의 이름을 걸고 생존해나가는 현재가 참으로 자유롭고 좋다고 한다. 경제적 풍요로움은 어느 정도 내주었지만, 그 대신 되찾은 시간적 · 정신적 자유는 어떤 것과도 바꿀 수 없다고.

아무리 그래도 끝까지 버티고 싶은 게 사람의 마음일진대, 한때는 지점장이었던 그 생태계에서 스스로 계약직을 선택한다는 것이 참 쉽지는 않았을 것 같다. 그런 만큼 그녀는 현업을 최소한으로 줄이고 자신만의 새로운 부가가치를 책으로 표현하기 위해 준비 중이라고 한다.

1인 지식기업가로 길을 떠나되, 현업을 최소화하여 어느 정도 안정성은 보장하면서 새로운 승부처를 모색하는 전략. 1만 시간의 먼 여정을 떠나기에 꽤 안정적인 방법이란 생각이다.

1인 지식기업가로 가는 실행 로드맵 점검

로드맵 1: 꿈 혹은 천직을 찾았는가?

열아홉 살 평사원 입사 때부터 지점장이 되기까지 그녀는 자신이 그 회사 한곳에서 커리어를 마칠 것이라 생각할 만큼 외길 인생을 걸어왔다.

로드맵 2: 그 일이 자신의 성격과 기질에 맞는지 충분히 검토했는가?

도대체 어떻게 27년을 한결같이 묵묵히 일하며 한 걸음씩 차근차근 올라갈 수 있었냐고 하자, 그저 좋았다고 답한다. 모르는 분야를 하나씩 하나씩 공부해 자격증을 따는 것도 좋았고, 고객들과 관계를 쌓으며 일하는 것도 좋았다고 말이다. 그래서 단 한 번도 자기 일에 대해 자긍심을 잃어본 적이 없었고, 열심히 살다 보니 어느 날 지점장까지 되었다고 한다. 참으로 타고난 기질이 아닐 수 없다.

로드맵 3: 천직의 시장성을 검토했는가?

증권맨이라 하면 한때는 정말이지 꽃 중의 꽃이 아니었나 싶다. 그런 만큼

이 부장은 지금도 자신의 고향 같은 그곳을 완전히 떠난다는 생각보다는 현업에 무언가 자신만의 색깔을 덧입혀 새로운 세계를 구축하고 싶어 한다. 운신의 폭을 넓히기 위해 스스로 조직 내 1인 지식기업가의 길을 선택했지만, 그 의미가 꼭 자신이 몸담았던 세계를 떠나야 하는 것만은 아니라는 걸 보여주고 있다.

로드맵 4: 천직이 필살기 수준까지 도달하도록 수련했는가?

10년도 아니고 20년도 아닌, 자그마치 27년 세월이면 충분히 증명되었다는 생각이다. 긴말이 필요 없는 질문이었다.

로드맵 5: 최소한의 생존경비는 확보하고 시작했는가?

자발적으로 계약직을 선택할 수 있었던 가장 큰 이유 중의 하나가 오랜 세월 안정된 위치를 이어오며 최소한의 생존경비는 확보할 만큼 기반이 구축되었기 때문이다.

로드맵 6: 초기 수입의 다각화를 모색했는가?

계약직으로 전환한 순간 수입 파이프라인 전체를 스스로 만들어야 하는 만큼, 평사원 때의 초심으로 돌아가 고객 관리며 수입 포트폴리오 등 전체적으로 전환점의 기반을 마련하였다고 한다.

로드맵 7: 멘토가 있었는가?

결혼을 하고, 나이가 들수록 세상을 살아가는 데는 지식보다는 지혜가 훨씬 더 소중하다는 걸 깨달으면서 어머니를 멘토로 여기며 살고 있다고 한다.

로드맵 8: 1인 지식기업가 초창기, 나보다 큰 커뮤니티에서 채널 마케팅을 시작했는가?

표면적으로 드러나진 않지만, 계약직으로 생존하기 위해선 그 나름의 채널 마케팅과 휴먼네트워킹 마케팅이 짜여 있지 않으면 불가능하다. 27년간 구축된 네트워크가 그녀의 자산이라고도 할 수 있다.

로드맵 9: 개인 마케팅의 정점인 책 쓰기를 시도했는가?

이것이야말로 계약직 선택 이후 추구하고 있는 다음 목표라고 할 수 있다. 스스로 조직 속 1인 지식기업가의 길을 선택한 만큼, 다음 목표는 개인 브랜딩을 위한 책 쓰기로 설정했다고 한다. 머지않은 장래에 자신이 생태계를 바꾸지 않고도 얼마든지 가치 체계를 달리하는 조직 속 신개념 1인 지식기업가가 탄생하리라고 기대해도 좋을 듯하다.

3장

용기의 힘

: 김부연(수선재북스) :

SOOSUN JAE **BOOKS**

WWW.SOOSUNJAE.ORG

김부연

- 별정직 공무원으로 통계청에서 20년 근무
- 2013년 수선재북스 협동조합 설립, 서울시 장년창업센터 입주
- 정신건강을 위한 자가치유 솔루션 어플 개발, 자기사랑 힐링 스토리 앱스 토어 등록
- 마음치유 플랫폼 개발 중
- 현재 명상서적 전문 출판사 수선재북스 대표

아,
살 것 같다

와, 얼마 만에 맛보는 한낮의 햇살인가?

강남대로가 이렇게 한산했나?

조조 영화를 보러 가는 내 발걸음은 너무도 가벼워 정말이지 퇴직 후 급격히 불은 10킬로그램을 안고서도 극장까지 한숨에 뛰어갈 수 있을 것 같다. 좋다. 좋아도 너무 좋다.

지난 금요일 회사라는 동물원에 갇힌 친구에게 전화가 왔다.

"불금인데 뭐 해? 만나서 영화 한 편 볼까?"

"하필이면 사람들 제일 북적대는 불금에?"

"뭐라고? 그럼 넌 언제 보는데?"

"사람도 적고 돈도 싼 주중 조조로 보지."

난 이제 더는 사람들 북적대는 불금이나 주말 외출은 가능한 한 하지 않는다. 물론 그런 뜨거운 밤을 좋아라 할 나이가 지나서이기도 하겠지만, 한적한 한낮의 햇살을 받으며 여유로운 시간과 여유로운 공기를 즐기는 이 삶이 너무도 좋다.

철밥통 공무원 생활 19년. 난 19년간이나 밥을 위해 자유를 내맡기고 살았다는 생각이 든다.

아침 9시부터 저녁 6시까지는 마치 동물원 우리에 갇힌 듯 족쇄가 채워져 절대 빠져나올 수 없었던 그곳. 남들은 철밥통이라 하지만 난 변함없이 늘 반복되는 일상이 마치 무덤 속 시간 같았다.

그래도 밥이 중요하니까, 먹고 살아야 하니까 하는 식으로 어르고 달래며 19년을 버텼지만 더는 아니다. 어차피 철밥통도 퇴직은 있는 법. 하지만 나이 예순에 퇴직한다면 그땐 도대체 내 삶을 무어라 정의할지, 그 나이에 새로운 무언가를 과연 시도는 해볼 수 있을지 너무나 캄캄했다.

내가 직장을 그만두려 한다고 하자 주변에선 다들 제정신이 아니라는 눈빛으로 쳐다보았다. 배가 불러도 한참 불렀다는 표정들이었다. 평생 내 편이라 생각했던 남편에게 응원을 요청했다.

"뭐라고? 당신 지금 제정신이야?!"

아뿔싸! 이 문제에서만큼은 남편도 내 편이 아니었다. 하긴 자신도 일 그만두고 싶다는 말을 입에 달고 사는 사람인 데다, 나이가 나이인 만큼 공무원 아내를 믿는 마음이 컸을 텐데… 그래도 이건 아니다 싶었다. 지금까지 맞벌이로 그만큼 지원을 해주었으면 한 번쯤은 내 의견도 존중해주어야 하는 거 아냐? 은근히 배신감이 밀려온다.

할 수 없다. 모두가 내 편이 아니라면 내가 알아서 할 밖에. 일생을 이렇게 살다, 60을 맞을 순 없다. 마음을 굳게 먹고 사직서를 낸 다음 그 사실을 모두에게 통보했다. 그랬다. 난 허락을 구하지 않았다. 내가 스스로 결정했고, 일방적으로 통.보.했.다!

하지만 이후 우리 부부의 1년 냉각기가 시작되었다. 내 평생 남편의 그렇게 차가운 눈빛은 처음 보았다. 이래서 부부는 돌아누우면 남이라고 하는 걸까…. 그 사람의 마음이 이해되지 않는 건 아니었지만, 한편 그래도 섭섭한 마음이 올라오는 것 또한 사실이었다.

나의 19년 4개월 철밥통 공무원 생활은 이렇게 모든 사람의 지탄과 만류 속에 마무리되었다. 퇴직한 지 5년, 지금 난 마치 동물원에서 풀려난 것처럼 매일매일이 즐겁고 살 것 같다. '살것같다.' 정말이지 달리 표현할 말이 없다. 난 지난 19년 무덤 속에나 있는 듯이 살았으니까.

철밥통을 버리고 택한
내 길

김부연 대표의 전공은 원래 간호학이었다. 하지만 간호학 실습을 나간 현장은 막연히 멀리서 바라보던 백의의 천사와는 거리가 멀어도 한참 멀었다. 타인을 돕고 나누는 삶을 살 수 있을 것이라 막연히 생각했던 김 대표에게 병원이란 곳은 인간의 가장 내밀한 아픔이 들끓는 곳이었다. 현장은 너무도 치열했고 도저히 감당할 자신이 없게 하는 곳이었다.

대학 졸업 후 선택한 길은 대학원 진학. 어떻게든 현장 취업을 미루려는 방편이었다고 한다. 그러면서 차츰 간호사 면허를 갖고 할 수 있는 일들이 꼭 병원에 취직하는 것만이 아니라는 사실을 알게 되었다. 대학원을 졸업할 즈음 교수님 추천으로 통계청 별정직 공무원의 길을 걷기 시작했다. 그때 심정은 어떠했을까?

"솔직히 아무 생각이 없었어요. 그냥 '이제 살았구나…' 하는 생각 정도였다고나 할까요. 도저히 병원 생활을 할 자신이 없었는데, 흔히 공무원은 쉽고 편하다는 인식이 강하잖아요. 그러니까 속으로 살았다, 싶었죠."

그렇게 시작한 통계청 사망 원인 통계 일을 자그마치 19년 4개월 동안 하게 된다. 과연 19년 뒤 김 대표는 어찌 변했을까?

"죽을 것 같았어요. 매일이 답답하고 지루하고. 별정직이란 게 원래 특수한 목적으로 특채로 뽑는 거라서 절대 중간에 이동이 안 돼요. 그러니까 저는 지난 19년 4개월 동안 늘 같은 일을 한 거죠. 정말이지 나중에는 일상이 무덤 속에 파묻혀 있는 것 같았어요."

밥이란 렌즈를 끼고 보면 이보다 더 안정적인 일이 없을 것 같은데, 자기만족 혹은 자기 성장이란 면에서 보면 김 대표 표현처럼 무덤과도 같은 생활이라 할 수도 있겠다. 그만큼 무료했을 법하다. 하지만 아무래도 안정에 대한 미련 때문인지 일은 유지하고 뭔가 취미 생활 같은 것으로 돌파구를 찾을 수는 없었을까 하는 생각이 든다.

"아무리 취미 생활 같은 걸 하면 뭐해요. 취미는 단지 취미일 뿐이잖아요. 아침 9시부터 저녁 6시까지. 그리고 말이 6시지, 눈치보느라고 7시에서 7시 반은 되어야 자리에서 뜰 수 있어요. 그럼 하루 대부분의 시간, 그러니까 결국 제 인생 전부를 밥에 저당 잡혀 사는 거나 마찬가지잖아요. 20년 가까이 그러고 살았더니 더는 못 하겠더라고요."

하긴 1~2년도 아니고, 숨이 막힐 듯 반복되는 생활을 20년 가까이 했으면 참 오랜 시간 버텨왔다는 생각이 들기도 한다. 김 대표는 60이 되어 풀려나면 아무래도 세상에 다시 적응하고 부딪힐 자신이 없을 것 같더라고 했다. 그 말에서 우리 사회가 공무원을 안정이라는 하나의 시각으로만 절대평가를 하고 있는 게 아닐까 싶어졌다.

무덤 같은 삶에서 죽음을 궁금해하다

그럼에도 그 튼튼한 울타리를 스스로 열고 나오기는 참 쉽지 않았을 것 같은데, 도대체 어떤 계기가 그 오랜 세월을 청산하게 했을까?

"마흔넷 되는 해였을 거예요. 사실 전 어릴 때부터 사람들이 죽으면 어떻게 될까? 죽음 이후에는 어떤 세계가 펼쳐질까? 하는 식으로 정신세계에 대해 궁금증이 참 많았어요. 근데 제가 통계청에서 하는 일이 사망 원인에 대해 통계 내고 분석하는 일이잖아요. 19년 동안 한 번도 제가 궁금해했던 일의 뿌리에는 접근해보지 못하고 맨날 표면적 수치만 다루려니까 그 답답함 때문에 더 미치겠더라고요. 그러던 어느 날 친구가 문화영 선생님의 《선계에 가고 싶다》라는 책을 주면서 읽어보라고 하더라고요. 제가 좋아할 만한 책이라고. 그날 집에 와서 책을 읽기 시작했는데, 세상에! 제가 궁금해하던 내용들이 전부 적혀 있는 거예요. 그날 밤을 새워가며 읽었어요. 그 뒤로도 다섯 번을 연속해서 정독했어요."

한 권의 책, 한 편의 영화가 누군가의 일생을 뒤흔들기도 한다더니 김 대표가 바로 그런 경우였다.

"책을 읽고 뒤져보니 인터넷 모임이 있더라고요. 그래서 바로 가입하고 찾아가기 시작했죠. 처음엔 공무원 생활을 하면서 직장인 주말 명상반에 참여했어요."

그곳이 어딘가 궁금해 찾아보니 문화영 선생님이 대표로 이끌었던 수선재 출판사였다. 우리나라에 몇 안 되는 명상 전문 출판사로 대중에게 알려지기보다는 소수 마니아층을 형성하여 운영되는 곳이다. 김 대표처럼 일상에 지치거나 현대 물질 사회에 치인 직장인들이 많이 찾는 곳이라고 한다.

현재 수선재 출판사 대표를 맡고 있는 김 대표는 그럼 퇴직 후 바로 이곳에 둥지를 튼 것일까?

"그런 셈이죠. 2010년 9월에 퇴직하고 10월부터 직원으로 일하기 시작했으니까요. 그렇다고 엄청난 월급을 받고 다닌 건 아니고요. 짐작하시겠지만 명상서적 출판사 수익이란 게 엄청날 리가 없잖아요. 일단 이곳에 몸담고 수련하면서 출판사 일도 배우고, 그러면서 할 수 있으면 재능기부도 하고 그렇게 시작한 거죠."

그러니까 문화영 선생님을 멘토로 삼아, 오랜 공무원 생활을 청산하고 아예 멘토 밑에서 일을 배우기 시작했다는 얘기다. 그렇게 시작한 것치고는 비교적 일찍 대표직까지 오르게 된 듯한데….

"사실 대표라고 해서 대단한 사람은 아니에요. 일반 출판사처럼 엄청난 수직구조를 생각하실 필요는 없습니다. 저희 출판사가 원래는 주식회사로 운영되다가 2013년 7월 23일 자로 수선재북스 협동조합으로 변경됐거든요. 문 선생님께서 돌아가시면서 그 뒤를 이어 7인의 실운영자들이 공동으로 출판사를 책임지는 협동조합 형태로 바꾼 거죠. 그러면서 어쩌다 보니 대표 자리는 제가 맡게 된 거고요."

아무래도 어쩌다 대표 자리를 맡게 되었다는 건 겸손의 말인 듯싶은 것이, 3년 만에 일반적 형태의 출판사를 협동조합 형태로 전환한 것부터가 예사롭지 않은 행보인 것 같다. 최근 1인 창조기업에 이어 또 다른 사회적 이슈가 되고 있는 협동조합의 장점은 무엇일까?

"조합원 모두가 주인의식을 가진다는 점인 것 같아요. 회사가 아니라 조합으로 운영되다 보니 시간이 좀 걸리더라도 저희는 7인 모두가 모여서 회의를 하고 모두가 동등한 발언권을 갖고 이야기하죠. 그리고 실제로 논의되고 결정된 건 돌아서서 다 같이 힘을 모아 바로 실행하거든요. 이런 식으로 하다 보니 처음엔 여러 진행 과정이 좀 더딘 것처럼 느껴졌어요. 하지만 결과적으론 모두가 주인의식을 갖고 참여하니까 꼭 느리지만도 않더라고요."

쉽게 말하면 신라 시대 만장일치제도를 떠올리게 하는 장면이기도 하다. 합의를 이루기까지는 시간이 걸리지만, 일단 합의를 이룬 뒤에는 오히려 일사천리로 하나의 마음으로 움직일 수 있으니 그점은 좋을 수도 있겠다는 생각이 들었다.

그런 김 대표가 서울산업진흥원 장년창업센터에 입주한 이유가 뭘까? 이미 자신들의 힘으로 협동조합까지 설립했는데 말이다.

"저희가 명상 전문 출판사다 보니 수익성이니 마케팅이니 하는 비즈니스 분야가 많이 낯설고 약한 게 사실이에요. 선생님 살아 계실 땐 음으로 양으로 많이들 도와주셔서 잘 이어왔어요. 하지만 이젠 저희끼리 홀로서기도 해야 하고, 무엇보다 보다 많은 독자와 소통하려면 시장의 언어, 즉 비즈니스를 좀 더 적극적으로 공부해야 한다는 걸 깨달았어요. 어떤 면에서 보면 장년창업센터는 저한테는 비즈니스 학교 같은 곳이라고도 할 수 있어요."

그러니까 자신들만의 특화된 세계를 이제 일반 독자층으로도 넓히고 싶은데, 그러려면 우선 시장에 대해 공부해야 했다는 의미겠다. 이곳에 입주하고 가장 큰 변화는 무엇이었을까?

"작년 연말에 연하엽서를 활용한 연하도서라는 이벤트 상품을 기획했는데 시장 반응이 꽤 좋았어요. 특히 기업에서 선물용으로 좋아하시더라고요. 이런 마케팅 상품안도 여기 들어와서 배운 거죠. 그 외에 법률이나 회계적인 부분도 이전보다 훨씬 더 전문적으로 알게 되었어요. 비닐하우스 안에만 있다가 비닐이 확 날아가 버린 것 같은 저로서는 무엇보다 입주자 간의 네트워킹이 소중하다고 생각해요. 이처럼 여러모로 많은 공부를 할 수 있었어요."

공무원 생활을 청산하고 멘토를 따라 시작한 출판 사업이지만, 비즈니스도 출판계도 문외한이었던 김 대표가 비교적 안정되게 시장을 향해 한 걸음씩 다가갈 수 있었던 것은 아무래도 장년창업센터에서 제공해온 여러 다양한 프로그램이 많은 도움이 된 사례라 할 수 있겠다. 누군가 비즈니스를 잘 모르면서 창업을 도모할

땐, 한 번쯤 고려해봐도 좋을 과도기적 행보가 아닐까 하는 생각이
들었다.

부딪쳐보지 않고는 알 수 없다

1인 지식기업가로 독립하기까지 가장 어려웠던 시기는 언제였
을까?

"전 아무래도 전환 후보단 전환 그 자체가 제일 어려웠던 것 같아
요. 그중에서도 남편의 반대가 심적으로 가장 힘들었고요."

역시나 세상에서 단 하나 내 편이라 믿었던 배우자의 반대는 아
무리 씩씩하고 밝은 성격의 김 대표에게도 힘든 일이었나 보다. 그
런 심적인 부분 외에 아무래도 현실적으로 맞벌이 부부에서 외벌
이 부부가 되다 보니 실제 수입 면에서도 힘들었으리라. 반토막이
난 수입을 가지고 고정된 지출을 어떻게 유지할 수 있었는지가 더
궁금했다.

"지출을 줄였죠. 직장을 그만두려고 생각한 순간부터 각오한 부

분이었으니까요. 참 재미있는 게 제가 직장에 다닐 때는 늘 마이너스 통장을 썼었거든요. 근데 막상 직장을 그만두고 나니까 오히려 마이너스 통장을 안 쓰게 되더라고요. 역시 사람은 어떻게든 다 살게 되어 있는 것 같아요."

궁하면 통한다는 말일까. 수입이 줄면 줄어든 대로 거기에 맞춰 살면 된다는 의미겠다. 하지만 이게 어떻게 가능할지는 이해되지 않는다. 수입이 반으로 줄었는데 마이너스 통장을 안 쓰게 되다니. 이런 일도 가능할까 싶다. 실례인 줄 알면서 지출의 어느 부분을 줄여 그렇게 했는지를 물어보았다.

"아이들 사교육비하고 보험이요. 애들이 중1, 중3이었는데 엄마가 직장 그만둔다고 하니까 자신들이 알아서 학원을 그만 다니겠다고 하더라고요. 근데 신기하게도 학교 성적이 안 떨어지는 거예요. 아이들한테 너무 고마운 거죠. 안 그랬으면 정말 남편 보기 어려웠을 테니까요. 아무튼 사교육이 꼭 절대적이진 않다는 걸 끊고 나서 알게 되었어요. 마찬가지로 꼭 필요한 것 한두 개 빼고 보험도 다 해지했어요. 사실 안면 때문에 어쩔 수 없이 가입한 보험들도 꽤 되거든요."

우리나라 직장인들 지출의 가장 큰 부분을 차지한다는 사교육비와 보험, 그걸 과감히 줄이다니…. 정말이지 쉽지는 않았을 것 같다. 김 대표 말처럼 그러다 아이들 성적이라도 떨어지는 날에는 안 그래도 냉랭해진 남편과의 사이가 어쩌면 회복 불가능한 갈등 상황으로 치달을 수 있었겠다는 생각이 들었다. 어쩌면 김 대표에겐 아이들이 가장 든든한 지원군이 아니었나 싶다. 더불어 참으로 불안정한 미래를 발목잡아 대개 직장인 가족의 또 다른 지출을 차지하고 있는 보험. 불안한 미래로 인해 현실의 고통을 감수해야 하는 아이러니 지출을 과감히 끊어낸 그 용기가 놀라웠다.

아무튼 이제 무덤 같은 삶에서 빠져나온 것 같아서 하루하루가 즐겁고 행복하다는 김 대표의 미래 계획은 무엇일까?

"작년 연하도서를 시작으로 지금부턴 기존의 콘텐츠를 좀 더 적극적으로 마케팅하면서 일반 독자들에게도 다가가는 출판사가 되려고요. 그렇게 해서 물질 문명의 압박감과 소외감에 시달리는 독자들에게 한 줄기 편안한 정신적 쉼터가 되고 싶다는 게 저희 출판사의 바람입니다."

이 말을 전하는 김 대표의 환한 얼굴이 마치 어린아이 미소 같다는 생각이 들었다. 도저히 직장 다닐 때 늘 화난 표정으로 다녔다는 게 믿기지 않을 정도로 유쾌하고 즐거운 시간이었다.

마지막으로, 이제 막 제2의 인생을 계획하거나 출발하는 인생 후배들에게 해주고 싶은 말을 청했다.

"일단 부딪쳐보라고 말해주고 싶어요. 머리로 너무 오래 생각하고 준비하다 정작 실제로는 아무것도 하지 못하는 사람들도 많은데, 사실 일단 시작하고 보면 그때까지 전혀 몰랐던 새로운 길이 열리기도 하거든요. 저는 실패란 없다고 생각해요. 다만 경험만 있을 뿐이지요. 그러니까 후회하지 않는 삶을 살기 위해서는 두려워하지 말고 일단 시작해보라고 얘기해주고 싶어요. 정말하고 싶은 일을 한다는 것 자체로도 상상할 수 없는 행복을 얻게 될 거예요."

인터뷰 내내 환한 미소와 유쾌한 에너지를 나누어준 김 대표. 19년이란 무덤 같은 시간에서 회복되어 하루하루 살아있음을 만끽하고 살아서일까. 그녀의 말처럼 자신이 정말 하고 싶은 일이 있다면 일단 부딪쳐보는 것이 행복이란 걸 미소로 보여준 시간이었다.

1인 지식기업가로 가는 실행 로드맵 점검

로드맵 1: 꿈 혹은 천직을 찾았는가?

어린 시절부터 죽음 이후의 세계 등 정신세계에 대한 궁금증이 많았던 김 대표는 마흔넷이란 나이에 한 권의 책을 만나 자신이 평생 궁금하게 여겨오던 모든 것에 대해 답을 얻었다고 한다. 이후 직장인 대상 주말 명상반을 시작으로 자연스레 명상 전문 출판사 대표까지 오르게 되었다. 출판사에서 일하는 것이 어린 시절부터의 꿈은 아니었지만 자신이 하고 싶은 일, 몸담고 싶은 일을 발견했다는 의미에서 천직으로 한 걸음 내디뎠다고 할 수 있겠다.

로드맵 2: 그 일이 자신의 성격과 기질에 맞는지 충분히 검토했는가?

공무원 생활을 일상의 무덤이라고 표현할 만큼 다이내믹하고 변화무쌍한 삶을 추구하는 김 대표. 얼핏 명상이 적성에 맞을까 싶을 정도로 환하고 밝은 성격이다. 그런 만큼 어떤 면에서 제2의 인생은 명상 자체가 아니라 명상 전문 출판사가 기질에 더 맞지 않을까 하는 생각이 들었다. 출판사를 꾸려가려면 말 그대로 하루하루 롤러코스터 같은 날들이 기다리고 있을 테니 말이다.

로드맵 3: 천직의 시장성을 검토했는가?

출판 시장이 불황이라고 아우성들이다. 하지만 정신세계를 다루는 일 자체만 놓고 보면, (이런 일에 대해 시장성을 운운하는 것이 과연 적합할지 어떨지는 잠시 내려놓고) 포스트모더니즘을 향해 치닫고 있는 우리 사회에선 지속적인 수요가 존재하는 분야라고 할 수 있겠다. 하지만 이런 분야 역시 (굳이 시장성이란 잣대를 들이대고 보자면) 경쟁이 치열하기는 마찬가지다. 수요는 확장되는 시장이지만 김 대표와 수선재 출판사가 자신만의 차별화 포인트를 정립하는 것이 가장 긴박한 과제이리라.

로드맵 4: 천직이 필살기 수준까지 도달하도록 수련했는가?

공무원을 퇴직한 것이 2010년이니까 햇수로 이제 5년 차에 접어들었다. 본인의 말처럼 아직은 비즈니스도 출판 시장도 필살기 수준까지 도달했다고 평가하기는 어려울 것 같다. 다만 출판과 비즈니스에 대한 배움과 실행을 너무도 즐겁고 활기차게 행하고 있는 만큼, 2년쯤 뒤 1만 시간을 완주할 즈음에는 어엿한 출판사 대표로의 변신을 기대해봐도 좋지 않을까?

로드맵 5: 최소한의 생존경비는 확보하고 시작했는가?

19년 4개월의 퇴직금으로 시작했다고 한다. 아무리 격하게 반대는 하였지만 정작 퇴직을 하고 나니 남편이 생활비는 해결해주어 김 대표 퇴직금은 고스란히 새로운 인생을 시작하는 디딤돌로 활용할 수 있었다. 1인 지식기업가의 길에서 가장 든든한 기초 하나를 쌓고 시작한 셈이다.

로드맵 6: 초기 수입의 다각화를 모색했는가?

최소 생존경비가 확보되어서일까, 아니면 비즈니스 세계가 너무 낯설어서일까. 김 대표의 수익 다각화 혹은 본격 수익모델 창출은 협동조합 대표가 된 이후, 즉 2013년에 처음으로 시도되었다. 김 대표는 자신이 지금까지 걸어온 길을 활용하기보다는 전혀 새로운 스킬을 요구하는 완전히 낯선 분야에서 시작하는 경우인 만큼, 아무래도 수입 창출이나 다각화는 콘텐츠가 필살기 수준에 도달하는 즈음부터 본격적으로 기대할 수 있지 않을까 싶다.

로드맵 7: 멘토가 있었는가?

멘토를 만나, 그 멘토 밑에서 아예 제2의 인생을 시작했다. 어찌 보면 현실에선 가장 드문 사례로, 개인적으로는 가장 충만한 인생 2막으로의 터닝으로 보인다.

로드맵 8: 1인 지식기업가 초창기, 나보다 큰 커뮤니티에서 채널 마케팅을 시작했는가?

아직 공무원 생활을 그만두기 전 수선재 명상 모임에서부터 시작했다고 하니, 본인은 그 시절 그것이 자신을 마케팅하는 활동이라고는 전혀 생각하지 않았을 것이다. 하지만 결과적으로 조직에 있을 때 앞으로 내가 가고자 하는 인생 2막 커뮤니티에서 네트워킹을 시작한 사례다. 아직 조직에 몸담고 있는 이들이라면, 눈여겨보고 활용할 팁 중 하나다.

로드맵 9: 개인 마케팅의 정점인 책 쓰기를 시도했는가?

책을 내는 출판사 대표여서 그런지 아직 자신의 책 쓰기에 대해서는 고려하지 않고 있다고 한다. 아마 자신의 책보단 수선재 이름으로 한 권의 책이라도 더 세상에 선보이고 싶다는 마음이 앞서는 듯하다.

4장

신념의 힘

: 이선영(이솝가든) :

Leesoapgarden

www. 이솝가든.com

이선영

- 시각 디자인을 전공하고 일본 ODS사에 입사하여 농심CI 제작
- 2009년 비누 공방 오픈
- 2011년 서울시 창업센터 입주
- 블로그 '이솝가든' 운영과 함께 공공기관을 상대로 납품하고 있으며 비누 디자인으로 특허 신청
- 2014년 세계 한상대회 참가, 한국여성발명협회에서 주관하는 '2014 생활 발명 코리아' 본상 수상
- 2014년도 중소기업청의 창업성장기술개발사업 '1인 창조기업 과제' 사업계 획서 당선

그냥 아줌마
아니거든!

찌라시! 찌라시를 만들라고, 찌라시를!

천하의 이선영이가 찌라시 만드는 일을 해야 하다니. 이걸 해, 말어?

정말이지 대한민국에서 결혼이란 제도는 여자를 이다지도 막다른 골목으로 몰아가는구나. 남자들에겐 너무도 당연한 결혼과 일의 병행이 여자들에겐 전쟁 같은 삶을 요구하니 말이다. 하지만 포기하고 싶진 않다. 결혼한 여자, 그러니까 아줌마도 자기만의 색깔을 한 번쯤은 드러내며 살아야 한다.

그러기 위해선 나 이선영, 아이를 들쳐업고 찌라시를 만들더라도 세상과 소통하는 하나의 끈만큼은 절대 포기하지 않으리.

대학 4학년 때 이미 대기업 디자인 프로젝트에 뽑혔던 내가 결혼과 함께 선택의 여지 없이 프리랜서가 되었다. 3년 동안 연달아 아이 둘을 낳고 다시 사회에 나왔을 때 처음 맡은 일이 찌라시 만들기였다. 대한민국 땅에서 누구보다 먼저 포토샵과 맥을 다루며 한때는 대기업을 다니며 강의까지 했지만, 아이를 어느 정도 키우고 다시 입사를 위해 지원했을 때는 유부녀라는 이유 하나만으로 어떤 조직에서도 받아주려 하지 않았다. 사회가 원망스럽고 결혼이란 제도에 숨이 턱 막혔다.

애들이나 얌전히 잘 키우지 왜 사서 고생을 하느냐는 남편을 뒤로하고, 큰애는 어린이집에 맡기고 둘째는 들쳐업은 채 찌라시를 만들기 위해 인쇄소로 달려갔다. 그곳에서 나는 눈앞에 펼쳐지는 장면에 너무도 놀라 입을 다물 수가 없었다.

우리나라 인쇄계는 3D 업종 중 하나로 악명이 높다. 디자이너 시절 익히 들어서 알고는 있었지만 직접 방문해본 적은 한 번도 없었다. 그랬기에 인쇄소 아저씨들이 바닥에 신문지 대충 깔고 식사를 하시고 몸이 너무 고되 밥사발로 믹스 커피를 타 마시는 모습에 말문이 막혔다.

그 와중에 난 아이가 울면 어쩌나 노심초사하며, 기저귀는 사무실 한구석에서 몰래 갈았다. 그렇게 전쟁터를 방불케하는 날들이 흘렀다. 지금 생각하면 참 모진 시간이었다.

그렇게 숨죽이고 일해야 했던 데다 일이 늘 제시간에 끝나지도 않았다. 정신없이 달려가면 이번엔 또 어린이집 원장님의 볼 부은 얼굴을 대해야 했다. 어리지만 이미 철이 다 들어 구석에서 잔뜩 주눅

들어 날 기다리던 큰아이…. 그때를 생각하면 여전히 마음이 메어진다.

'정말, 이렇게까지 하면서 일을 해야 하나. 남편 말처럼 안 하는 게 맞는 걸까….'

하루에도 수십번씩 떠오르던 생각. 하지만 아침이 밝으면 또 일이 하고 싶어져 견딜 수가 없었다. 그런 식으로 '오늘 하루만 하고 말아야지'를 얼마나 되뇌이며 걸어왔는지 모른다. 나는 세상에 대고 소리라도 한 번 질러주고 싶었다. 도대체 왜 아줌마는 일을 하면 안 되는 거냐고!

돌아보니 참으로 길고도 긴 시간을 걸어 지금 여기에 이르렀다. 이숍가든 이선영 대표, 지금의 나다. 그리고 이런 내가 있을 수 있었던 건, 어떤 상황 어떤 시간에도 세상을 향한 끈 하나만은 놓지 않고 버텼기 때문이라 생각한다.

결혼은 고귀한 일이고 어머니는 위대하다. 하지만 동시에 나로서의 색깔 하나만은 표현하고 싶었다. 그 색깔이 비록 태양을 바라보는 해바라기처럼 강렬하진 않더라도, 세상에 태어나 나의 존재를 드러내는 은은한 파스텔 톤의 색감 하나 정도의 흔적은 남기고 싶었다. 조선 시대 여인들이 그러했듯이, 규정지어진 세계 안에서도 결국 나는 나니까 말이다.

끝내 놓지 않았던
세상과의 끈 하나

이솝가든 수제 비누 이선영 대표는 시각 디자인을 전공하고 대학교 4학년 때 이미 일본 디자인 회사와의 컨소시엄에 발탁되어 대기업 CI 작업을 할 정도로 뛰어난 인재였다. 그렇게 1년간 프로젝트를 함께하며 실력을 인정받아 졸업 전에 외국계 회사에 취직이되었다. 1980년대 중반만 해도 외국계 회사 입사는 굉장히 드문일이었다. 주5일 근무로 토요일에 쉰다는 점만으로도 부러움을 한몸에 받을 정도였다.

하지만 1992년 결혼과 함께 퇴사를 해야만 했다. 지금은 별로 와

닿지 않겠지만, 당시는 '결혼=퇴사'라는 사회적 분위기가 있었다. 이 대표는 결혼 후 6개월 뒤부터 살림만 하는 것은 자신이 원치 않는 일임을 깨달았다. 그래서 재취업을 위해 여러 회사에 지원서를 넣었지만 유부녀를 받아주는 회사는 대한민국 어디에도 없었다.

그렇게 이 대표는 강제적, 사회적 내몰림으로 프리랜서의 길을 걷게 되었다. 프리랜서로서의 생존력을 기르기 위해 디자인용 프로그램을 공부하기 시작했다. 당시는 컴퓨터라고 해도 타자를 대신하는 정도였던 시절이다. 그녀는 번역본도 없이 원어로 일러스트며 포토샵을 터득하여 대기업 직원들을 대상으로 강의를 다녔다. 그러는 한편으로 계속해서 기업에 입사지원을 했다. 결혼한 여자를 퇴물 취급하는 사회적 통념을 깨고 싶어 취업을 포기하지 않은 것이다. 하지만 그녀를 모셔다 강의는 들을지언정 정식 직원으로 채용하려는 기업은 없었다. 유부녀는 아무리 뛰어나도 아줌마일 뿐이라는 사회적 통념은 결코 뛰어넘을 수 없는 벽과도 같았다.

결혼 후 3년 동안 연달아 아이 둘을 낳았고, 그동안은 일을 쉴 수밖에 없었다. 그 시간이 지나 다시 사회에 첫발을 내디뎠다. 취직은 여전히 안 되었고 어찌할 수 없이 마지막 보루인 프리랜서로 다시 시작했는데, 이 대표에게 떨어진 첫 일이 찌라시를 만드는 것이었다. 3년이란 공백 기간은 현실적으로 이 대표를 프리랜서 세계에서조차 바닥 깊숙이 추락시키고 말았다. 결혼하고 아이를 낳았다는 게 억울해도 한참 억울한 순간이었다. 이렇듯 대한민국 사회는 고학력 여성들을 순식간에 잉여자원으로 전락시키고 더는 오갈 곳 없이 만들어버린다. 특별히 페미니스트가 아니라도 분노보다는 슬픔이 올라오는 순간이다. 아무리 가정을 꾸리고 아이를 낳아 기르는 것이 여성 본연의 일이라고는 하지만, 그 아이가 여자만의 아이는 아니지 않는가. 하지만 우리 사회는 출산과 육아 문제로 넘어가면, 책임을 거의 전적으로 여자에게만 지운다. 그 구조적 불평등 앞에 아직도 수많은 여성은 그저 벙어리 냉가슴 앓듯이 속을 끓일 수밖에 없는 것 같다.

그러나 이 대표는 포기하지 않았다. 세상과 소통할 수 있는 단 하나의 끈은 쥐고 있어야 한다는 일념으로 찌라시 일까지 해가며 버텼다. 그러다 지성이면 감천이라고 했던가. 아니면 그토록 눈물겹게 세상과의 끈 하나는 놓지 않으려는 이 대표를 하늘도 측은하게 여긴 것이었을까. 어느 땐가 대기업 전자제품 매장에 제작해준 POP 광고판이 히트를 쳤고, 그 후로 일감이 꼬리에 꼬리를 물고 들어왔다. 인생 역전의 발판이 만들어진 셈이다. 그렇게 찌라시에서 대기업 전자제품 광고 디자인, 광고 디자인에서 출판사 일까지 일이 일을 몰고 오는 흐름을 따라 프리랜서로서 이런저런 바닥 경력을 다졌다.

그러던 어느 날 뜻밖의 장소에서 뜻밖의 아이디어가 떠올랐다. 욕실에 놓아둔 유기농 비누를 보며 '향이 참 좋다'는 생각을 하다 가 '내가 비누를 만들면 어떨까?' 하는 생각으로 이어진 것이다. 그 때가 2009년, 프리랜서 생활을 시작한 지 어언 20년이 되어가던 시점이었다.

고학력 아줌마, 사회에서 밀려나다

대학 졸업 후 3년간 외국계 회사에서 조직 생활을 경험했고, 아 이들을 낳으며 3년간 일에서 손을 뗐다가 다시금 프리랜서 디 자이너로 출발해 20년 동안 걸어왔으며, 이제 비누를 통해 또 다 른 1만 시간을 걸어오고 있다. 참으로 묵묵하고도 꿋꿋한 걸음이 다. 어디서 이런 힘이 나온 걸까?

"처음부터 끝까지 오직 나의 색깔을 내고 싶다는 염원 하나였던 것 같아요. 여자로서 물론 결혼도 중요하고 육아는 더욱 중요하 지만, 그럼에도 바로 저, 이선영이란 사람의 색깔도 찾고 싶었 죠. 저라는 존재의 정체성에 대한 열망이라고나 할까요."

인터뷰라는 사실도 잊고 손뼉을 치고 싶었던 순간이다. 모든 대한민국 커리어 우먼에게 결혼이란 얼마나 고민스럽고 힘든 선택인가. 누군가는 어머니의 길을 선택하기도 하고, 또 누군가는 싱글로서 커리어를 선택하기도 한다. 그렇지만 어느 쪽도 내가 포기해야 했던 다른 길에 대한 아쉬움이 남을 수밖에 없다. 그래서 또 누군가는 병행을 선택하지만, 이들은 그 나름의 혹독한 대가를 치러야 한다. 모 가수의 '전쟁과도 같은 사랑'이 아니라, 그야말로 '전쟁과도 같은 일상'을 겪어야 하는 것. 그것이 여자가 일과 가정 둘 다를 추구할 때 치러야 하는 대가인 듯하다.

그런 이 대표, 자신의 디자인 실력에 비누를 접목하여 새로운 길로 접어들기 시작했다. 맨 처음 어떤 일부터 시작했을까?

"우선 처음 2년 동안은 비누 학원에도 다니며 공부도 하고, 혼자 만들기 연습도 엄청나게 했어요. 정말이지 2년 동안 연습으로 만든 비누가 얼마나 많은지 몰라요. 비누 만들기를 배우는 건 그다지 어렵지 않았는데 연습을 통해 디자인에서 나만의 차별화 포인트를 만들기 위해 또다시 치열한 2년을 보내야 했어요."

20년 프리랜서 내공 덕일까. 섣불리 시장에 뛰어들기보다는 먼저 철저히 준비하는 모습이 돋보인다. 역시 시장에 나가기에 앞서 필살기 수련은 반드시 필요하다는 생각이다.

그럼 어느 정도 필살기 수준에 도달한 후에는?

"비누를 아이템으로 잡은 지 3년 차, 그러니까 2011년에 서울산업진흥원 장년창업센터에 입주했어요. 뭐랄까요. 2년 동안 홀로 연습하고 공방 형태로 연습한 걸 소소하게 시장에 테스트하면서 3년 차가 됐는데, 그때부턴 본격적으로 사업화를 해도 되겠다는 생각이 들더군요. 이젠 정면으로 세상과 만나도 될 것 같은 느낌이랄까요."

이 대표의 말에 의하면 유부녀 프리랜서들은 우리나라 사회구조상 여전히 아웃사이더 취급을 받는 일이 많다고 한다. 그런 만큼 20년 동안 일을 손에서 놓아본 적은 없었으나, 내 것이다 하는 느낌을 주는 천직 또한 없었다고. 그런 그녀가 2009년 비누와의 만남이 필연적이라는 느낌을 받았다는 것이다. 그 인연을 살려 첫 2년 동안 치열하게 연습한 뒤, 드디어 2011년 장년창업센터에 입주하며 본격적으로 비즈니스를 준비했다. 프리랜서 내공이 깊어서인지, 자신의 아이템을 찾은 뒤로는 무척이나 단단하고 안정적인 1만 시간을 걷고 있다.

그런 그녀의 천직이 왜 '수제 비누'일까? 디자인을 살린 아이템이라면 다른 제품들도 많을 텐데 말이다. 어째서 비누와의 우연이 필연이 된 걸까?

"수제 비누는 같은 재료를 써도 사람에 따라 디자인 결과물이 다 다르게 나와요. 한마디로 결과를 예측하기 어렵기도 하고, 그만큼 창의력을 요하기도 한다는 의미죠. 이 부분이 저에겐 매우 흥미로워요. 저만의 창의력을 발휘할 수 있다는 점이 마치 예술작품을 만드는 것처럼 매력적인 거죠. 그야말로 제가 평생 추구하던 저만의 색깔을 비누를 통해 나타낼 수 있을 것 같다고나 할까요? 거기다 소재까지 무궁무진하니까 정말 할수록 재미있고, 그래서 자꾸 더 빠져드는 것 같아요."

이 말을 하는 이 대표의 눈빛이 호기심 천국의 문을 열어젖힌 소녀처럼 반짝인다. 예쁘다. 생명력을 머금고 반짝이는 눈빛은 나이에 상관없이 소녀처럼 예쁜 듯하다.

나만의 것, 우리만의 것이라는 차별화 포인트

비누를 통해 자신의 색깔을 표현하고 싶다는 이 대표, 과연 그녀는 어떤 비전과 꿈을 그리고 있을까?

"이상한 게 비누를 시작한 지 얼마 안 되었을 때부터 머릿속에서 인천공항 면세점이 자꾸 떠오르는 거예요. 그러니까 그냥 단순한 수제 비누가 아니라 저만의 디자인으로 차별화되고 거기다 한류라는 문화 코드까지 입혀진 문화상품이 되었으면 하는 바람인 거죠."

2009년 수제 비누를 시작하고, 2011년 장년창업센터에 입주한 이후 2013년을 공방에서 사업화로 넘어간 터닝 포인트라고 생각하는 이 대표. 그녀는 비즈니스 확장과 함께 한류 공부를 시작하며 또 한 번의 도약을 꿈꾸고 있다. 그녀가 한류 공부를 통해 배우고 얻은 것은 무엇일까?

"너무 많아서 짧은 시간에 다 열거하긴 어렵지만, 우선 무엇보다 한류라는 말뜻 자체가 단순히 한국의 흐름이나 분위기가 아닌 조선 시대부터 전해져 내려오는 단아한 한국인만의 멋이란 걸 알게 되었어요. 이젠 정부에서도 한류의 영문 표기를 더는 'Korean Wave'로 하지 않아요. 우리말 그대로 읽히게끔 'Hallyu'라 하죠."

아, 그렇구나…. 단아한 한국인이라. 어딘가 조선 시대 여성들 이미지가 떠오른다.

"우리네 옛 여인들의 화장 기법만 봐도 다른 나라랑 확실히 달라요. 중국의 양귀비나 클레오파트라가 희귀하고 비싼 재료를 구해다 쓴 것에 비해 일상에서 손쉽게 구할 수 있는 녹두나 쌀뜨물 같은 것을 활용했는데, 효능 면에선 저희 것이 훨씬 더 탁월한 거예요. 이를 통해 조선 시대 여성들이 절대 갇힌 공간에서 순종만 하고 살지 않았다는 걸 배우게 되었어요. 제도라는 거대한 울타리를 뛰어넘을 수는 없었지만 주어진 환경 속에서도 어떻게든 자신들이 가진 것을 최대로 발전시키고 표현하려고 끊임없이 애쓰고 노력했다는 걸 알게 되었죠. 참으로 위대한 여인들이란 걸 배웠어요."

조선 시대에 비하면 그래도 제도라는 거대한 울타리가 우리 여성들 앞에 참 많이 허물어지고 낮아진 느낌임에도 지금도 여전히 불공평하고 답답하다고 느낀다. 그런데 그 시대 여인들은 도대체 어떻게 그 시대를 살아내며 자신들을 표현하려 했던 것일까. 우리가 우리 것을 모른다는 사실에 앞서, 아무것도 모르면서 조선 시대 여성들을 답답한 세대로 몰고 간 것에 갑자기 미안함과 부끄러움이 솟았다. 그네들보다 훨씬 더 좋은 환경과 시대적 배경 속에 살면서도 아직도 이런저런 탓을 하며 게으름을 합리화하는 데 대해서도 말이다.

그렇다면 이 대표의 멘토는 누구일까?

"저희 어머니를 포함해서 이 땅의 모든 어머니가 다 제 멘토예요. 결혼을 하고 아이를 낳아 기르다 보니 아무래도 여자로서 포기하고 물러서야 할 것이 참 많더라고요. 그런 면에서 볼 때 자신의 자리를 묵묵히 지켜주시는 이 땅의 모든 어머니는 참으로 위대하다는 생각이 들었어요. 그분들을 보고 여기까지 오고 있는 것 같아요."

이 대표 역시 어머니를 멘토로 꼽고 있다. 결혼과 일을 병행하면서, 특히나 육아를 친정이나 시부모님 도움 없이 스스로 책임지며 일을 세상과의 끈 하나로 여기며 전력을 다해 매달려온 이 대표로서는 삶의 굽이굽이마다 가정과 일이란 선택조차 가져보지 못했던, 그래서 어쩌면 더 애달팠던 우리네 어머니들을 멘토로 여기게 된 것은 너무도 당연한 일이 아니었나 하는 생각이 들었다. 결국 이 땅의 딸들은 우리들만의 삶을 사는 것이 아니라, 오랜 세월 침묵 속에 쌓이고 쌓인 어머니들의 희생을 딛고 그 끝에서 이제 겨우 일과 가정의 병행을 고려라도 할 수 있게 되지 않았나 싶다.

그런 그녀는 결혼을 통해 두 가지 큰 깨달음을 얻었다고 한다. 하나는 결혼을 했기에 더욱 자신의 색깔을 찾고 지키고 싶다는 것이었고, 다른 하나는 결혼을 했기에 만들 수 있는 두 사람의 관계 또한 자신의 세계라는 것이었다고. 참으로 양립하기 어려운 난제이지만, 그런 만큼 그 세계를 지켜오고 있는 이 대표가 꿋꿋하다 못해 크게 느껴지기까지 했다. 역시 어머니는 위대한 것 같다. 여러 가지 면에서.

그런 그녀에게 내 인생의 책은 무엇이었을까?

"줄리아 카메론의 《아티스트 웨이》예요. 마음이 가라앉을 때마다 꺼내보곤 했는데, 그때마다 창의력을 북돋는 데 많은 도움이 되었어요. 후배들에게도 늘 권해주는 책이에요."

이렇듯 자신을 일으켜세우며 걸어온 그녀가 지난날을 돌이켜볼 때 가장 아쉬웠던 점은 무엇일까?

"인간관계인 것 같아요. 어릴 땐 누구라도 그러하듯 저 또한 제가 최고라는 생각을 했었거든요. 그러다 보니 그런 생각 때문에 알게 모르게 놓친 인연들이 많더라고요. 그런데 한 해, 두 해 나이가 들어가니 결국은 사람이라는 깨달음을 얻게 되더군요. 진작 깨달았다면 그 소중한 인연들을 그리 흘려보내지 않았을 텐데, 좀 아쉽다는 생각이 들어요."

사람과의 관계는 무릇 세상살이에서 가장 어려운 부분이 아닐까 싶다. 그런 만큼 잃어보기도 하고, 상처를 받아보기도 하고 때론 상처를 줘보기도 하는 것이리라. 그처럼 가장 길게 돌아가며 깨달을 수 있는 길이 아닐는지. 그 깨달음조차 익히 터득한 그녀에게 인생 후배들에게 주고 싶은 말이 무언지 마지막으로 물어보았다.

"세상과의 끈 하나는 놓지 말라고 말해주고 싶어요. 자신만의 안테나를 계속 세우고 어떻게든 트랙에서 이탈하지 않고 가다 보면 언젠가는 길이 열려요. 그런데 하나의 끈마저 포기하면 길 자체가 아예 없어져버리는 거잖아요."

끈 하나….

그토록 잘나가던 커리어를 결혼과 함께 끈 하나로 바꾸며 어머니와 디자이너로서 프리랜서 생활을 이어온 것이 마치 한바탕 전쟁을 치르며 달려온 것 같다는 이솝가든의 이선영 대표. 단군 이래 여성들의 자기계발 열풍이 가장 활기차게 불고는 있지만, 아직 현실은 개척할 것이 많은 척박한 환경이다. 그런 이 땅에서 그래도 일과 가정 둘 중 어느 하나를 선택한 것이 아니라 병행의 길을 택한 선두주자로서 그 나름 '프리랜서'라는, 이제는 오히려 미래지향적이 된 해답을 보여주고 있는 게 아닌가 하는 생각이 들었다. 그런 만큼 현장에서 강하게 담금질이 된 이 대표가 이끄는 이솝가든이 이제 자신만의 색깔을 찾아 더욱 빛날 것이라 믿어본다.

1인 지식기업가로 가는 실행 로드맵 점검

● 로드맵 1: 꿈 혹은 천직을 찾았는가?

원래 전공이 시각 디자이너였던 이 대표는 프리랜서로 전환한 후 찌라시 일을 하면서까지 디자인 일을 손에서 놓지 않을 정도였다. 그러던 어느 날 우연히 비누라는 아이템을 만났다. 그때부터 같은 재료를 쓰더라도 제작자에 따라 다른 결과가 나오는, 마치 예술작품 같은 수제 비누 세계에 푹 빠지게 됐다. 바야흐로 진정한 천직을 만났다는 생각이다.

● 로드맵 2: 그 일이 자신의 성격과 기질에 맞는지 충분히 검토했는가?

디자인 일이 기질에 맞지 않았다면 찌라시를 만들면서까지 버틸 수는 없었으리라. 수제 비누 세계로 뛰어들었을 때 이 대표가 가장 먼저 몰입했던 것이 바로 2년간의 줄기찬 연습이었다. 프리랜서 20년 생활도, 이후 수제 비누로 터닝한 이후에도 철저히 기질과 재능에 맞는 일이었기에 가능했으리라 본다.

로드맵 3: 천직의 시장성을 검토했는가?

사실 공방 수준의 수제 비누 사업은 시장 자체가 그리 크지 않다. 하지만 이 대표는 자신의 디자인 배경과 한류라는 문화코드를 앞세워 본격 사업화를 시작한 지 1년 만인 2012년부터 이미 기업과 관공서 납품을 이뤄냈다. 공방에서 사업화로 성공적인 전환을 이룬 셈이다.

아이템 자체에 시장성이 있다기보단, 자신만의 강점과 끝없는 노력으로 차별화 포인트를 만들어 시장 자체를 확장했다는 표현이 더 정확할 것 같다. 이는 모든 1인 지식기업가와 스몰 비즈니스를 이끌고 있는 이들에게 자신만의 블루오션을 어떻게 개척할 수 있는지를 아주 잘 보여주는 사례다.

로드맵 4: 천직이 필살기 수준까지 도달하도록 수련했는가?

디자인만 놓고 볼 때, 조직 생활 3년과 프리랜서 20년이란 경력이 그 내공을 짐작하고도 남게 한다. 거기다 수제 비누 사업을 놓고 본다 해도 2009년부터 1만 시간을 꽉 차게 진행해오고 있다.

특기할 사항은 프리랜서 디자이너로서의 필살기가 탄탄히 뒷받침되어서 그런지, 수제 비누라는 아이템의 사업화가 1만 시간이 채워지기도 전에 이미 이루어지기 시작했다는 점이다. 무릇 그녀의 모든 경험이 수제 비누 사업에서 하나로 모아진다는 생각이다.

로드맵 5: 최소한의 생존경비는 확보하고 시작했는가?

결혼 후 두 아이의 출산까지 이 대표가 일을 손에서 놓은 건 불과 3년뿐이다. 어렵고 힘든 상황 속에서도 한순간도 일을 놓지 않았기에 수제 비누 사업으로 전환 시 최소 생존경비에 대한 큰 부담은 없었다고 한다.

로드맵 6: 초기 수입의 다각화를 모색했는가?

위의 이유로 오히려 초기에는 비누 학원에 다니고 2년 동안은 비누를 작품 수준으로 끌어올리기까지 연습에만 몰두할 수 있었다고 한다. 그러면서 여타 수입 파이프라인을 모색하기보다는 오직 비누 한 가지에 집중했다.

로드맵 7: 멘토가 있었는가?

그녀 자신이 육아와 일을 힘들게 병행했던 만큼 이 대표는 자신의 자리를 묵묵히 지켜내는 이 땅의 모든 어머니를 멘토로 삼고 있다고 한다.

로드맵 8: 1인 지식기업가 초창기, 나보다 큰 커뮤니티에서 채널 마케팅을 시작했는가?

채널 마케팅보다는 수제 비누 사업 초창기 자신의 강점인 디자인을 앞세운 DM 발송을 시도하였다고 한다. 흥미로운 건 1,000군데의 회사나 단체에 DM을 발송하였는데 그중 회신이 온 곳은 단 한 군데였다고 한다. 그렇기에 그 한곳에서 연락이 왔을 때의 뿌듯함과 감사함은 지금도 잊을 수가 없다고. 그 고객은 지금까지도 단골이 되어 꾸준히 구매를 해주고 있다고 한다.

그런가 하면 장년창업센터에서 주최하는 박람회나 전시회를 이용할 수 있어 좋은 마케팅이 되었다고 한다. 개인의 자격으로 박람회나 전시회 참가는 비용 면에서 엄두를 내기 어려운데, 많은 도움이 되었다고. 소규모 자본으로 수제 아이템을 제작하는 1인 기업가들이 눈여겨볼 대목이다.

로드맵 9: 개인 마케팅의 정점인 책 쓰기를 시도했는가?
이 부분은 아직이지만, 콘텐츠로 보나 걸어온 길을 보나 머지않아 이 대표의 책을 서점에서 만날 수 있으리라 본다.

5장

경험의 힘

: 노승연(RC콘텐츠) :

노승연

- 홍익대학교 미대 중퇴 후 애니메이션 작가로 10여 년 활동
- 디자인 전문회사 RC콘텐츠 대표
- 애니메이션 영상제작 법인 사업체 설립 및 운영
- 현재 경험을 발판으로 삼아 캐릭터를 활용한 영상제작을 위해 다시 힘을 모으고 있다.

입은 없고
귀만 있는
캐릭터

드디어 영상이 올라간다. 내가 만든 캐릭터들이 화면을 가득 채우며 움직이기 시작한다. 오랜 시간 마음속에 품고 있던 나의 꿈들이 내 붓끝에서 생명을 얻어 세상 밖으로 나와 살아 숨쉬기 시작하는 순간이다. 알 수 없는 뭔가가 마음 저 깊은 곳에서 뭉클 솟아나며 눈앞을 뿌옇게 적신다.

언제부터였을까. 내가 캐릭터 놀이에 빠진 것이 말이다. 장녀였던 나는 어릴 때부터 누구에게도 고민을 털어놓지 못하고 비교적 일찍부터 모든 걸 혼자서 처리하는 게 습관이 되었다. 맏딸은 그래야만 한다는 생각이었다.

그러다 다 커서 성인이 되어 캐릭터를 만들었는데, 주인공이 입이 없어 상대방의 이야기를 들어만 주는 캐릭터였다. 이 세상 모든 어린이의 이야기를 다 들어주는 캐릭터. 그 순간, 나는 내게 가장 필요한 것이 무엇인지를 깨달았다. 아무 비판이나 지적 없이 순전히 내 편이 되어 내 이야기를 들어만 주는 친구…. 바로 내가 세상에서 가장 그리워했던 누군가였는지도 모르겠다.

어릴 때부터 그림 그리기를 좋아했다. 겨울이 되어 창틀 위로 차곡차곡 눈이 쌓여 눈 도화지가 만들어지면 그 위에도 그림을 그리곤 했다. 다른 건 몰라도 그림만큼은 빨리 그리는 편이었는데, 누군가 그림을 어떻게 그렇게 빨리 그리느냐고 물으면 난 늘 "좋아서"라고 대답했다. 아마 내가 좋아하는 일이니까 마구 몰입하게 되고, 몰입하니 저절로 빨리하게 되는 듯했다.

하지만 호사다마라고 했던가. 이렇게 빨리 많이 그리는 나의 그림 솜씨가 대학교 때 시작한 아르바이트 길을 바로 직업으로 연결해주고 말았다. 당시 패션회사 대기업 과장 월급이 고작 60만 원일 때, 난 겨우 스물두 살의 나이로 월 100만 원을 너끈히 벌었으니 말이다. 도대체 왜 대학 공부를 계속해야 하는지 이해할 수 없었다.

그래도 누군가 멘토가 곁에 있어서 이다음 사회 생활을 위해서 대학은 마치는 것이 좋다고 말해주었으면 어땠을지 모르겠다. 그렇지만 그 어린 시절, 오직 열정만 가득했던 그 시절 내 곁에는 마땅한 멘토가 없었다.

그렇게 난 1985년부터 애니메이션 캐릭터 그리는 프리랜서 생활로 접어들었다. 그리고 회사를 차리기까지 15년 동안 그 일을 업으로

삼아 아이도 키우며 나만의 시간을 이어왔다. 애니메이션 작가에서
영상제작가로 변신에 변신을 거듭하면서….

어느 예술가의
사업 이야기

노승연 대표는 애니메이션 작가 때부터 프리랜서로 활동하였으니 사실 커리어 시작부터 1인 지식기업가의 길을 걷기 시작했다고 할 수 있다. 그런 만큼 프리랜서로서, 특히나 여성 입장에서 가장 좋았던 점이 무엇이었으며 취약점은 무엇일까 궁금했다.

"아무래도 시간을 자유롭게 활용할 수 있다는 점이 여자로서, 특히 엄마가 된 이후에는 가장 좋죠. 시간 맞춰 출퇴근하지 않고 그 날그날 혹은 데드라인까지 내가 맡은 업무량을 해주기만 하면

되니까 아이를 굳이 남의 손에 맡기지 않고도 일하면서 키울 수 있거든요."

역시나 예상했던 답이 돌아온다. 워킹 맘에겐 회사와 프리랜서 둘 중 육아만 놓고 본다면 아무래도 프리랜서로 무게 중심이 기울 어지기 마련이다.

"그렇지만 프리랜서 세계에도 제가 젊을 때만 해도 엄연히 남녀 차별이 있었어요."

세상에. 프리랜서란 그냥 일을 받아서 해주면 되는 줄 알았는데 그게 또 그렇지만은 않은가 보다. 남녀차별, 남녀불평등… 도대체 우리 여자들이 뭘 그리 잘못하길래 우린 늘 사회적으로 부당한 대 우를 받아야 하는 걸까. 심지어 프리랜서 세계에서조차도 말이다.

"애니메이션을 만드는 단계에는 감독이 있고, 원화 그리기가 있 고 그 밑에 동화, 이렇게 진행되거든요. 저때만 해도 애니메이 션 제작에 여자 감독은 거의 없었어요. 원화를 그리는 여성도 열 명에 한두 명 정도? 대부분 여성은 동화 그리기에 머무는 정 도였죠."

도대체 이유가 뭘까? 어쩐지 마냥 자유로울 것만 같은 프리랜서 세계에서조차 이런 현상이 벌어지는 이유 말이다.

"아무래도 사회 생활 전반에 관한 흐름을 누가 쥐느냐의 문제였던 것 같아요. 가령 원화 팀장 정도가 되고 감독이 되려면 애니메이션 제작 전반에 관해 여러 가지 사정을 꿰뚫고 있어야 하거든요. 그러려면 투자자들이랑 회식 자리도 끝까지 지켜야 하고. 우리 사회가 그렇잖아요. 모든 일이 문서로 오가는 게 아니다 보니 이 분야에서도 여성들, 특히 워킹 맘들은 위로 올라가는 데 제한이 따랐던 것 같아요."

듣고 보니 결국 사회구조의 벽이란 회사 내에서나 밖에서나 늘 보이지 않는 울타리가 되어 여성들의 한계를 짓는다는 느낌이 들었다. 서구 사회에서도 뚫어내기 어렵다는 유리천장인데, 하물며 정에 살고 정에 죽는 한국 사회에서는 더군다나 일이 일에서 끝나는 것이 아니라, 남성 문화를 대변하는 고유명사로라도 등극해야 할 것 같은 '회식문화' 아닌가. 바로 거기에서 유부녀 프리랜서, 아니 여성들은 결국 뒤로 물러설 수밖에 없는 것이 현실인 것 같다.

"그런가 하면 이런 경우도 있어요. 미국 회사와 합작으로 일하는 프로젝트의 경우, 미국에 직접 가서 일할 기회가 주어지기도 해요. 그런데 엄마들은 짧지 않은 기간 동안 애를 떼어놓고 미국에 가서 일한다는 것이 사실상 불가능하거든요. 그러다 보면 자연히 이런 기회는 남성들에게 돌아가고, 그렇게 다녀온 남성들은 경력이나 경험이 앞서가게 되고…뭐, 그런 거죠."

아이를 떼어놓고 아빠는 갈 수 있지만 엄마는 갈 수 없다. 얼핏 굉장히 자연스러운 것 같으면서도 끝내 억울함이 올라오는 건 나도 어쩔 수 없는 여자이기 때문일까. '여자와 엄마는 다른 삶을 살수밖에 없다'는 말이 퍼뜩 떠오른다.

넘어졌다면, 일어나면 돼

그렇다면 창업은 어떨까? 자기 사업을 하면 이런 사회적 제한에서 좀 자유로울 수 있었을까? 그래서 노승연 대표는 창업의 길로 뛰어든 걸까?

"내 일을 하고 싶었던 것 같아요. 아무한테도 방해받지 않고, 정말이지 내가 만들고 싶은 캐릭터를 내가 그리고, 내가 영상까지

제작해서 세상에 내보이는 것. 아마 모든 애니메이터의 꿈이 아닐까 싶어요."

그렇게 2001년 15년이란 오랜 프리랜서 생활을 정리하고 회사를 설립한 노 대표. 하지만 사업은 첫해 매출 제로를 기록하며 문을 닫을 수밖에 없었다고 하는데.

"모든 걸 혼자 하려고 했어요. 캐릭터 개발에서 시나리오 쓰고, 콘티 만들고, 샘플 영상을 제작하는 것까지. 투자금도 받지 않고 자본금까지 모두 저 혼자 해결하며, 작품 관련된 일도 거의 대부분 제가 했고요. 그러다 보니 정작 사업이 뭔지도 모르는 사이에 1년이란 시간이 흘렀어요."

한 분야의 전문가가 자기 사업을 시작할 때 저지르는 가장 일반적인 오류에 빠진 경우라 하겠다. 제품을 확실히 프로답게 만들면 시장에서 판매도 저절로 일어날 것으로 판단하는 오류 말이다.

1년 만에 자본잠식을 경험한 노 대표는 2002년부터 오히려 문화상품을 기획, 개발, 제작 및 판매하는 문화기획사 대표로 취직하여 그 후 5년간 처음으로 직장 생활을 하게 된다. 이 또한 쉽지 않은 결정이었을 것 같다.

"회사 대표님이 디자이너 출신이었는데 실력이 대단하셨어요. 저희는 (비즈니스 능력보다) 그런 걸 굉장히 높이 사거든요. 그래서 무조건 이분과 함께 일해보고 싶다, 이런 마음으로 일하게 된 거죠."

조직에 들어가긴 했으나 아무래도 예술가 기질이 훨씬 강하다는 느낌이 든다.

그녀는 회사를 나와 2007년에 다시금 자신의 회사를 창업했다. 이때의 이유는 무엇이었을까? 조직 생활이 안 맞아서였을까?

"저만의 고유한 캐릭터를 만들고 싶어서였어요. 저에겐 그게 일생의 꿈인 거죠. 하고 싶은 일이 있고, 그 일을 어떻게 하면 될지를 아는데…. 조직에서 아무리 안정적인 월급을 받으며 일을 해도 흥이 나질 않는 거예요. 돈 벌어서 맛있는 거 사 먹고 좋은 옷 입고 뭐, 결국 다 그런 거잖아요. 근데 그런 것만으로는 삶의 열정이 느껴지지 않는다고나 할까요?"

결국 5년간의 안정된 직장 생활을 정리하고 다시 창업. 이전보다 더욱 전문화된 영상제작을 목표로 시작한 사업이었는데, 과연 이번엔 매출을 올리는 안정된 사업을 일굴 수 있었을까?

"영상제작 사업과 함께 디자인 사업을 병행했어요. 다행히 디자인 사업 쪽에서는 매출이 발생했는데, 문제는 영상제작 투자비용이 디자인 수익비용을 초과했다는 거죠."

이번엔 첫 사업의 경험을 바탕으로 처음부터 자신이 잘할 수 있는 디자인 분야의 수입 포트폴리오를 병행했다. 거기서 매출을 올리는 데까지는 성공했지만, 안타깝게도 노 대표의 꿈이라 할 수 있는 애니메이션 영상제작 사업에 투자되는 비용이 수익을 잠식하고 말았다는 의미다.

그렇게 자신이 하고 싶은 분야와 잘하는 분야 사이에서 줄타기를 하던 사업은 결국 5년 만인 2013년에 다시금 정리를 하게 되었다는데…. 두 번째 창업도 5년이란 짧지 않은 시간을 끌어오다 정리하게 된 가장 큰 이유가 어디에 있을까?

"처음엔 정말이지 뭐가 뭔지도 모르고 사업을 시작했고 그만큼 빨리 정리를 하면서 아무것도 모르고 지나갔던 것 같아요. 하지만 두 번째는 5년이란 시간 동안 나름대로 최선을 다했죠. 그렇지만 제가 미처 깨닫지 못했던 것이 바로 비즈니스 분야는 전문가를 영입했어야 한다는 부분이었어요. 아무리 좋은 작품을 만들어내도 역시나 시장은 비즈니스 마인드를 갖고 접근해야 한다는 거죠."

대개 한 분야의 전문가 혹은 예술가들이 시장에 뛰어들 때 가장 넘어서기 어려운 부분에서 노 대표도 걸려 넘어졌다는 생각이 들었다. 역시 예술은 예술이고, 비즈니스는 비즈니스인가 보다.

인생이란 꿈꾸는 바를 계속 시도하는 것

그런 그녀가 창업을 준비하는 후배들에게 가장 해주고 싶은 말은 무엇일까?

"처음에 회사 규모가 작을 때는 어렵겠지만, 그렇더라도 요즘은 무료로 이런저런 자문을 받을 수 있는 곳도 많이 있으니 전문 분야는 반드시 전문가의 조언을 구한 뒤 시작하라고 얘기해주고 싶어요. 그러다 회사 규모가 커지면 비즈니스 쪽은 반드시 전문 인력을 배치해야 하고요."

물론 대다수 개인이 소규모로 시작하는 1인 창조기업의 경우 처음부터 전문 인력을 회사 내에 배치한다는 것은 현실적으로 쉽지 않은 일이다. 그렇지만 노 대표의 말처럼 요즘은 정부 지원 프로그램 등을 잘 살펴보면 법률, 회계 등의 자문을 무료로 서비스받을 수 있는 길이 많다. 그러니 혼자서 모든 것을 하느라 시행착오를 반복할 것이 아니라 사전에 대비하고 준비할 수 있는 것들은 가능한 한 충분히 준비하고 시작하는 것이 좋다.

노 대표는 서울산업진흥원 장년창업센터에서 주관하는 희망설계아카데미 3기를 들으며 다른 관점에서 자신과 자신의 사업을 돌아볼 수 있었다고 한다. 미리 알았다면 2차 사업을 5년 동안 끌어오다 결국 정리하지는 않았을 것 같다고 말한다.

살면서 언제나 가장 두려운 건 현실적 어려움이 아니라 자신의 꿈을 이루지 못하는 게 아닐까 하는 것이었다고 답하는 노 대표. 그런 만큼 지난 시간, 거침없이 자신의 꿈을 향해 걸어들어 간 흔적들이 삶의 여정 곳곳에서 느껴진다. 그런 그녀에게 멘토는 누구였을까?

"돌이켜 생각해보면 제 인생에서 멘토가 없었다는 것이 가장 큰 문제였던 것 같아요. 이 분야가 좀 그래요. 어릴 때는 특히 다들 자기 작품이 전부인 줄 알고, 최고인 줄 알죠. 정말이지 지금 아는 것을 그때 알았다면 멘토도 구하고 타인의 말도 경청하고, 그러면서 좀 더 탄탄히 준비를 할 수 있었겠죠."

하지만 그래서 청춘 아닐까? 청춘이란 누구 말을 들으며 우물쭈물하는 것이 아니라 때론 질풍노도처럼 달려나가며 온몸으로 부딪쳐 경험하는 시기니까. 청춘이 아니면 사실 또 언제 그런 경험을 할 수 있을까 싶기도 하다. 그래서일까. 두 번의 사업을 정리하고 이제 다시 혼자 힘으로 작게라도 자신만의 사업을 준비하는 노 대표가 끝으로 인생 후배들에게 전하는 말에는 힘이 있었다.

"그래도 실패를 두려워 말고 저질러보라고 말하고 싶어요. 제가 결과적으론 사업을 성공하지 못하고 정리한 것이 되었지만, 그렇다고 그 세월을 결코 후회하지는 않거든요. 그렇게 살다 보니 이제는 삶이 제게 말하는 것이 무엇인지 들리는 것 같아요. 경험으로 인생을 경청한다고나 할까요. 이 또한 값진 체험이었고, 이 경험들을 바탕으로 이제야말로 다시 한 번 도전해보려고요. 역시 인생은 꿈꾸는 바를 시도하면서 살아야 하는 거잖아요."

경험한 자만이 지을 수 있는 미소였다. 마지막 말을 하는 노 대표의 표정 말이다. 늘 마음속에서 우주를 왕복하고 집을 수차례 지어도 현실에서 시도하지 않는 한 몽상이고 바람일 뿐이다. 하지만 용기를 내어 어느 순간 현실에 발을 내딛는 순간 그때부터 내 인생이 달리 쓰이기 시작할 것이다.

KFC 할아버지가 수없는 실패 끝에 66세에 KFC를 일으켰다는 이야기는 너무도 유명하다. 대기업이 성장의 한계에 맞닥뜨린 시점에서 이제 마지막 남은 개인들의 블루오션인 1인 창조기업. 이 세계야말로 고령화 시대에 발맞춰 누가 더 경험하고, 누가 더 부딪쳐보았는지로 판가름 나는 곳이 아닐까.

두드려라, 열리리니. 자신의 세계는 오직 자신만이 만들어갈 수 있을 뿐이라는 걸, 질곡의 시간을 딛고 또다시 시작하겠다는 노 대표의 함성 같은 미소에서 확인할 수 있었다.

1인 지식기업가로 가는 실행 로드맵 점검

로드맵 1: 꿈 혹은 천직을 찾았는가?

어릴 때부터의 꿈에 매달려 평생 오로지 그 길만을 걸어왔다고 해도 과언이

아닌 사례다. 현실적인 어떤 어려움도 뛰어넘을 정도로 자신의 꿈에 매진한

모습을 볼 수 있었다.

로드맵 2: 그 일이 자신의 성격과 기질에 맞는지 충분히 검토했는가?

누구보다 빨리 그릴 수 있었던 이유를 묻는 말에 "좋아서"라고 대답했다

는 노 대표. 좋아하니까 자꾸 몰입하게 되고, 몰입하다 보니 일하는 속도

역시 자기도 모르게 늘 정도라면 성격과 기질에 맞는다는 수준을 넘어서는

듯하다.

로드맵 3: 천직의 시장성을 검토했는가?

시장성이라…, 사실 가늠하기 좀 애매한 부분이다. 애니메이션 작가로선 여

자로서 오르기 어렵다는 원화 팀장까지 올라 자신만의 팀을 꾸릴 정도로 실

력을 인정받았고, 그에 따라 10년 이상 높은 연봉을 받으며 쾌속 질주한 만큼 분명 천직이 시장성을 갖추었다고 할 수 있다. 하지만 애니메이션 작가가 영상제작가로서 전환하는 순간, 작가 개인의 능력에 비즈니스 능력이 추가되면서 이런저런 질문이 따라붙으며 시장성을 가늠하기 어렵게 하기 때문이다.

로드맵 4: 천직이 필살기 수준까지 도달하도록 수련했는가?

천직을 애니메이션 작가로 놓고 본다면 15년, 영상제작자로 평가한다 해도 1, 2차 사업을 합해 최소 5년 이상의 기간을 집중했다. 이로써 일 자체가 프로 수준에 도달했는지에 대한 답은 된다고 본다.

로드맵 5: 최소한의 생존경비는 확보하고 시작했는가?

1, 2차 사업 모두를 자기자본 100퍼센트로 시작하고 끌어왔으니 최소한의 생존경비는 탄탄히 확보하고 시작했다고 할 수 있겠다. 다만, 오히려 비즈니스 관점에서 보자면 자기자본을 전부 신사업에 투자하는 것이 옳았을까 하는 아쉬움이 남는다. 최소한의 생존경비가 확보되지 않고 길을 떠나는 것도 위험하지만, 자기자본 전부를 창업에 쏟아부을 때의 리스크 역시 한 번쯤은 고려해봐야 한다.

로드맵 6: 초기 수입의 다각화를 모색했는가?

1차 사업 때에는 처음 사업을 시작하면서 어디서부터 어떻게 매출을 발생시켜야 하는지도 모르고 지나간 것 같다고 한다. 하지만 2차 창업 때는 영상제작에 몰입하면서도 동시에 디자인 사업으로 수익을 발생시키며 매출의 다각화를 도모하였다. 역시 경험에서 교훈을 얻었다고 하겠다.

● 로드맵 7: 멘토가 있었는가?

노 대표 자신도 그렇게 말했듯이, 멘토가 없었다는 게 1인 창조기업으로서 성공하는 데 치명적인 아킬레스건이 아니었나 싶다. 애니메이션 작가로서는 워낙 실력이 출중하니까 뚜렷한 멘토가 필요치 않았다고 하더라도, 영상제작 사업으로 전환하고자 했을 때는 멘토까지는 아니더라도 비즈니스 분야 전문가들의 이야기를 반드시 수렴했어야 한다.

요즘엔 사회 여기저기에서 멘토가 넘쳐난다. 그래서인지 오히려 멘토라는 역할에 대해 반감을 느끼는 경우도 있는데, 아무래도 멘토라 하면 정신적 성숙이나 최소한 인격적인 면모 등을 갖춘 누군가를 떠올리기 때문인 것 같다. 하지만 1인 지식기업가로서 새로운 길을 걸어갈 때, 특히 자신의 전문 분야와 다른 길을 걸어갈 때는 (굳이 멘토라 이름 지을 필요까지는 없더라도) 그 분야 성공사례와 실패사례 등은 미리 점검해야 한다. 그래서 왜 성공했는지 혹은 반대로 어디서 걸려 넘어졌는지 정도는 미리 알고 출발해야 한다.

로드맵 8: 1인 지식기업가 초창기, 나보다 큰 커뮤니티에서 채널 마케팅을 시작했는가?

비즈니스 세계에 익숙하지 않다 보니 채널 마케팅뿐만이 아니라 기타 어떤 마케팅도 적극적으로 시도하지 않았다고 할 수 있다. 그런 관점에서 보자면 몇 년이란 시간 동안 사업을 끌고 온 건 전적으로 노 대표의 출중한 실력밖에 없었다고 볼 수 있겠다. 결과적으로, 실력에 비즈니스 감각이 더해졌더라면 어땠을까 하는 아쉬움이 남는다. 하지만 이제부터 본격적으로 다시 시작할 것이라 하니, 다음번 시도에선 그녀의 필살기가 비로소 시장성을 갖추며 세상과 소통하게 될 것이라 기대해본다.

로드맵 9: 개인 마케팅의 정점인 책 쓰기를 시도했는가?

2014년, 다시 사업을 준비하면서 전자책 등을 통해 자신의 작품을 책으로 먼저 엮어내는 것을 하나의 옵션으로 고려해보고 있다고 한다. 그동안은 사실 비즈니스 자체가 워낙 격변의 장이어서 여기까지 신경 쓸 겨를이 없었다고 한다.

6장

현실의 힘

: 문윤정(여행작가) :

문윤정

- 1998년 〈에세이 문학〉을 통해 수필가로 등단, 〈만불신문〉, 〈현대불교신문〉
  에서 객원기자 및 논설위원으로 활동
- 저서로는 인도 네팔 여행집 《신들의 땅에서 찾은 행복 한 줌》, 《문윤정 여행
  작가의 모든 것》, 《걷는 자의 꿈, 실크로드》, 〈당신도 여행작가다〉 외 다수가
  있다.
- 《신들의 땅에서 찾은 행복 한 줌》은 2006년 문화예술위원회 우수도서, 《선
  재야 선재야》는 2009년 문화체육관광부 우수교양도서, 《답일소》는 2011년
  '올해의 불서 10'에 선정되었다.
- 2013년 제31회 현대수필문학상을 받았다.
- 구본형 변화경영연구소 연구원 과정을 거쳐 현재 여행책 쓰기 코치, 여행
  잡지 〈여행작가〉 고문, 소월아트홀에서 '글쓰기 책쓰기' 강사로 활동 중이다.
- 카페 '여행작가 아카데미' 운영 중

수필가도
이슬만 먹고
살진 않아

사람들은 아직 잠들어 있는 새벽.

나는 이 시간을 가장 좋아한다.

물론 여자 혼자 사람들이 깨지 않은 타국의 새벽을 돌아다닌다는 것이 좀 위험할 수도 있겠지만, 난 고요한 생명력을 품고 웅크리고 자는 듯한 새벽 공기가 너무 좋다.

더구나 인도의 새벽이라니….

아, 그런데 저게 뭐지?

길에서 소가 자는 모습이 보인다.

그 곁에 있는 건 뭐지?

한 발, 두 발 가까이 다가갈수록 눈앞에 펼쳐지는 광경을 믿을 수가 없었다.

소와 함께 인간이 어우러져 길에서 함께 뒹굴며 자는 모습이라니….

조금 전까지도 새벽 공기 어쩌고, 분위기 어쩌고 운운한 내게 정면으로 던지는 충격 같다.

'어떠냐. 이것이 인생이다.

이것이 인간들이 겪고, 부대끼고, 살아내야 하는 생의 한 단면이다.

문윤정, 지금까지 수필가라고 고상한 척, 생각 많은 척하고 살아온 그대.

지금 이 장면이 어찌 보이느냐 말이다.'

이곳에서 인간의 삶이 동물보다 나은 것이 무엇일까.

물론 안다. 인도에선 소를 숭배한다는 사실을. 하지만 그래도 막상 내 눈으로 길에 소와 함께 누워 자는 인간의 모습을 목격하고 보니, 쉽게 지울 수 있는 장면은 아니었다.

어떻게 내가 지금 이곳에 있을 수 있을까… 곰곰 생각해보았다.

남편은 늘 생일이나 결혼기념일이 돌아오면 무슨 선물을 사줄지 고민했다. 그래서 어느 날 내가 몇 년 치 선물값을 합해서 혼자 여행을 보내달라고 했다. 좋은 옷이나 값비싼 장신구 등을 좋아라 하는 사람도 아닌 나는 그저 책 읽고 글 쓰는 것밖에 달리 애착을 가지는 취미도 없다. 나는 불현듯 혼자 여행을 떠나고 싶었다.

그렇게 생애 처음으로 혼자 떠나온 인도 배낭여행에서 난 너무나 많은 것을 배웠다. 인도의 거대한 다양성 앞에 놀랐고, 옛것을 보존하면서도 새것을 받아들이는 그네들의 힘에 또 한 번 놀랐다. 힌

두 사원은 또 어떤가. 붉은 물감이 주는 묘한 매력에 마냥 끌리기도 하고, 놀이처럼 행해지는 그들이 예배드리는 모습에는 한없이 끌려들어 가기도 하고.

아마 이때부터였던 것 같다. 여행작가가 내 안에서 태동하기 시작한 시점 말이다.

수필가로 등단해서 오랜 기간 원 없이 미련없이 에세이를 쓰며 살아왔다. 한때는 〈불교신문〉 객원기자를 하며 전국 선지식들을 찾아다니며 인터뷰 전문 기자로서 글을 쓰기도 했다. 하지만 정작 내 안에 잠재된 씨앗은 그게 전부가 아니었다. 배낭을 메고 두 발을 타국의 대지에 디디며 체험하는 생생한 열기를 나의 분야에 접목하여 퍼스널 브랜드를 구축하는 길을 열어주는 여행책 쓰기 코치. 오랜 글쓰기 여행 뒤에 내 안의 씨앗이 발아하기 시작했다.

나의 여행작가 실크로드는 인도에서 그렇게 시작되었다.

여행이라는 실크로드에서
2막을 열다

문윤정 작가는 1998년 〈에세이 문학〉 겨울호를 통해 수필가로 등
단한 중견 작가다. 《선재야 선재야》가 2009년 문화체육관광부 우
수교양도서로, 《답일소》가 2011년 '올해의 불서 10'에 선정되기도
했으며, 2013년에는 제31회 현대수필문학상을 받기도 한 명망 있
는 수필가다. 그녀가 왜 이 같은 모든 여정을 거둬내고 여행책 쓰
기 코치를 하려 하는지가 오히려 이해되지 않을 정도다. 너무 궁금
해 자리에 앉자마자 물어봤다. 그만큼 수필가로서 그녀의 경력은
화려했고 탄탄했다.

"수필이나 불교 쪽에선 나름대로 인지도가 있고 글도 많이 써왔어요. 하지만 뭐랄까요. 오랜 시간 제 안에는 늘 목마름이 있었던 것 같아요. 무언가 나만의 콘텐츠를 개발하고 싶다는 갈망이랄까요. 글을 써도 써도 채워지지 않는 의구심이랄까. 수필을 쓰면서도 언젠가는 나를 더 드러내는 나만의 콘텐츠를 개발해야지, 하는 생각을 늘 품고 있었어요."

나만의 콘텐츠라…. 시작부터 한 방 먹은 기분이다.

이미 자신만의 브랜드를 굳힌 중견 작가이기에 이보단 훨씬 더 수려한 미사여구를 동원하며 자신의 전환 이유를 표현할 줄 알았는데, 질문보다 훨씬 더 직설적이고 명쾌한 답이 돌아온다. 역시 중견 작가는 아무나 올라가는 위치는 아닌 듯싶다.

문 작가의 작가 활동을 살펴보면 오랜 기간 수필가로 활동하다 2007년에 인터뷰 작가로 선회한 시기가 한 번 있었다. 자신의 불교 배경을 디딤돌로 삼아 주로 〈만불신문〉, 〈현대불교〉 등 불교 신문의 객원기자로서 우리나라 선지식들을 찾아다니며 전문 인터뷰 기자로 활동하였다. 그 일은 어땠을까? 인터뷰 기자라는 일 자체에도 자신만의 고유성을 부여할 수 있을 듯한데, 과연 문 작가는 이 시기를 어떻게 정의할까?

"한마디로 배움의 시기였죠. 전국 방방곡곡 종교 불문하고 선지식들을 찾아다녔는데 그때 저는 그 일에 완전히 몰입해 있었어요. 정말이지 힘든 줄도 모르고 깊은 산에도 찾아뵙고, 제주도까지도 날아가고. 1주일에 한 분씩 인터뷰하고 기사를 썼는데 제삶을 온전히 바쳐서 그 일을 했어요. 그러면서 배운 것이 매우 많아요. 한분 한분 모두 대한민국에서 내로라 하는 분들이었으니까요. 그때 제가 활용한 것이 선재동자의 여행 방법을 현대로 끄집어내어 따라 행해본 거거든요. 그걸 가지고 엮은 책이 《선재야 선재야》고요. 참 좋은 시기였어요."

그런데 왜 그 일을 그만두고 또 다른 길을 모색했을까? 인터뷰 전문 기자나 작가 역시 자신만의 콘텐츠는 아니었던 걸까?

"전업 작가는 배고픔을 각오해야 해요. 그게 우리나라 수필계의 현실이에요. 그래도 저는 남편 수입이 안정적이고 거기다 남편이랑 애들이 전적으로 지원을 해줘서 그렇지, 안 그럴 경우에는 참 견디기 힘든 게 수필 분야죠."

결국 밥이라는 현실과 더욱더 고유한 자신만의 콘텐츠를 표현하고 싶다는 열망이 문 작가로 하여금 수필가에서 인터뷰 전문 기자

로, 인터뷰 전문 기자에서 여행책 쓰기 코치로, 글을 쓴다는 맥락
은 같지만 끝없이 새로운 길을 모색하게 하고 있다는 의미였다.

문득 1인 지식기업가의 세 가지 구성요소인 '밥+콘텐츠+마케
팅'이 떠올랐다. 역시 이 세 가지는 분야를 막론하고 홀로서기를
하려는 모든 사람이 가장 먼저 고려해야 하는 기본 포인트인 듯하
다. 하고 싶은 일을 하면서 밥도 해결되는 것. 그것이야말로 어쩌
면 우리 모두가 가장 바라는 일이 아닐는지 말이다.

슬럼프 따위에 질 순 없었기에

그런데 문 작가는 어떤 인연으로 변화경영연구소의 문을 두드린
걸까?

"2011년은 작가로서 가장 극심한 슬럼프를 겪은 시기예요. 이름
앞에 늘 중견 수필가라는 수식어가 따라붙었는데, 어울리지 않
는 옷을 입은 것처럼 무겁고 부담스럽더라고요. 작가로서 스스
로 정체성을 모색하고 변화할 시기가 왔다는 의미였죠. 그런데
제가 평소에는 자기계발서를 잘 안 읽어요. 그중에서도 특히 베
스트셀러는 더욱 눈길도 주지 않는 저만의 고집이 있죠. 그러던

어느 날 도서관에서 우연히 구본형 선생님의 책을 접하게 되었는데, 갑자기 뭔가로 머리를 한 대 내리치시는 것 같은 거예요. 그러면서 그런 생각이 들었죠. '아, 내가 그동안 정말 우물 안 개구리였구나. 사회가 이렇게 변하고 있었는데, 난 그 흐름을 따라가지 못했구나. 그러니 세월만 흘러 중견작가가 되었지만 내가 이렇게 작가로서 슬럼프를 겪는구나.' 그래서 당장 연구소에 전화하고 선생님과 통화해서 이듬해 연구원으로 지원하게 되었어요."

아무리 작가로서 슬럼프였다지만 대단한 용기라는 생각이 들었다. 이미 다수의 책을 낸 작가로서 또다시 누군가에게 책과 글에 대한 사숙을 요청한다는 것이 결코 쉬운 일은 아니었을 것이기에 말이다. 역시 벼는 익을수록 고개를 숙인다고 했던가. 눈앞의 문 작가가 다시 보이는 순간이었다.

그렇다면 여행책 쓰기 코치라는 전환의 계기는 변경연 연구원 과정의 산물인 걸까?

"사실 《걷는 자의 꿈, 실크로드》라는 여행서는 연구원 시작하기 전에 이미 초안을 다 잡아놨었어요. 그런데 이런저런 이유로 출간을 미루다 연구원 마치고 바로 책을 내게 되었죠. 그때가 2013

년 1월이었는데, 스승님이 한참 아프실 때였죠. 마침 선생님께서 오랜만에 신년회에 오신다고 하셔서 한 걸음에 달려가 책을 드렸는데, 책을 보시더니 바로 '문윤정 너 여행책 쓰기 코치해라' 하시는 거예요. 그 한 말씀에 불이 번쩍하면서 '이거다!' 라는 생각이 들더라고요. 아프시면서도 끝까지 힘을 다해 제자의 길을 열어주신 스승님이셨던 거죠…."

이런 순간을 바로 줄탁동시라고 하던가. 병아리가 알을 깨고 나오려 애쓰는 마지막 순간, 어미 닭이 바로 딱 한 지점을 쪼아서 병아리가 세상 밖으로 나오게 해준다는 것 말이다.

이렇게 중견 수필가 문윤정은 스승의 마지막 가르침에 이끌려 늘 꿈꾸던 자신만의 콘텐츠를 개발하는 작가의 길로 또다시 전환점을 마련하기 시작한다. 그런 그녀에게 여행은 어떤 매력, 어떤 의미로 다가오는 것이기에 그토록 그녀를 사로잡았을까?

"저에게 여행이란 자신 안의 모든 것이 터져 나오는 체험을 할 수 있는 것이라 생각해요. 낯선 곳에 가면 자신 안에 잠재되어 있던 재능과 기질들이 드러나곤 하는 경험을 누구나 한두 번쯤은 해보았을 거예요. 저도 그랬고요. 그런가 하면 한편으론 자신의 전문 분야를 더욱 단단히 구축할 수 있는 것 또한 여행이죠. 가령 일본의 어느 슈퍼마켓 직원이 전 세계 슈퍼마켓을 돌며 쓴 여행서가 있어요. 이 책이 얼마나 많이 팔렸는지는 모르겠지만, 이제는 대박이 나고 안 나고를 떠나서 책이란 한 사람이 자신의 전문 분야에서 퍼스널 브랜딩을 하기에 가장 좋은 대안이라고 생각하거든요. 그래서 전 이러한 것들을 접목했어요. 사람들이 여행을 하면서 자신 안의 재능과 기질을 발견하고 전문성을 더 발전시켜 퍼스널 브랜드를 구축하면서 인생의 전환점을 맞을 수 있었으면 하는 바람이에요. 이게 제가 여행책 쓰기 코치로서 추구하는 비전이기도 하고요."

역시 다년간의 내공은 결코 사라지지 않는다는 생각이다. 여행책 쓰기 코치 분야를 이야기하는 그녀는 그간의 작가적 내공에 자신만의 철학을 더해 확고한 여행책 쓰기 코치로서 자리매김을 하고 있는 모습이었다. 이 정도면 기존의 베테랑 자기계발 코치들도 긴장해야 할 듯하다.

내 안을 들여다보면 길이 보인다

이렇듯 오랜 시간 내공을 쌓아온 그녀의 멘토는 과연 누구일까?

"수필가 맹난자 선생님이 제 인생의 멘토예요. 이분은 동서양 철학과 문학을 섭렵한 대가이신데, 70이 넘은 연세에도 어찌나 많은 책을 읽고 많은 글을 쓰시는지 시력을 거의 잃을 정도예요. 그래도 여전히 치열하게 공부하고 계신 분이죠. 주역도 섭렵하고, 거기다 문학 속에서 죽음이란 화두에 대한 답을 찾으려 하기도 하시고…, 참 대단한 분이에요. 저에겐 작가로서 인생의 선배로서 늘 길잡이가 되어주시는 멘토시죠."

맹난자 선생님은 몇 년 전, 전 세계 문학가들의 묘지 기행을 《인생은 아름다워라》라는 책으로 엮어낸 원로 수필가다. 그분의 인생 철학은 과연 무엇일지 궁금해졌다.

"모든 사람 안에는 한두 가지 좋은 점은 꼭 있으니, 나쁜 점을 보지 말고 좋은 점만 보고 가라고 항상 말씀해주셨어요. 그러면 아무 문제 없고, 그러다 보면 다 풀리는 거라고. 어려서 들을 때는 이 말씀이 그렇게까지 크게 다가오지 않았었는데, 나이가 들수록 새록새록 마음 깊이 울려와요."

좋은 길잡이인 멘토를 따라 견고한 작가의 삶을 살아온 그녀가 꼽는 내 인생의 책은?

"인도 경전인 《바가바드 기타》예요. 간디 역시 평생 지니고 계속해서 읽었다는 책이기도 한데 인도 신화, 우주 이치 이런 이야기를 많이 담고 있죠. 그중에서도 가장 울림을 주는 건, 사람으로 태어나 으뜸의 삶은 공양하는 삶인데 공양 중에서도 지혜의 공양이 최고라는 거예요. 지혜를 공양한다는 뜻은 타고난 재능과 더불어 부지런히 지식을 쌓아 가장 나다운 모습으로 나를 계발해내어 신에게 바치는 것이라는 거예요. 결국 한마디로 요약하면 가장 나다운 색깔대로 살면서 나를 최적화하는 것이 지혜요 공양이란 뜻인 거잖아요. 참으로 좋은 말씀이요 가르침이죠."

어찌 보면 모든 진리를 가르치는 책들이야말로 자기계발서의 정수가 아닐까. 덧붙일 말도 뺄 이야기도 없는 그녀 인생 최고의 책, 《바가바드 기타》.

이 모든 지혜의 여정 끝에 이제 여행책 쓰기 코치로 또 한 번 작가로서 전환점을 만들어낸 그녀에게 전환 이후 가장 좋은 점이 무엇이냐고 물어보았다.

"이제야말로 본격적으로 1인 지식기업가의 길을 걷기 시작한 것 같아 스스로 참 뿌듯해요. 제가 늘 열망했던 제 안의 재능과 잠재력을 끌어내 가장 나다운 콘텐츠를 만들어낸 기분이랄까요. 그러면서 현실적으로도 좀 더 당당하게 홀로서기가 시작된 것 같아서 좋은 시간을 보내고 있어요."

자신만의 콘텐츠를 개발하면서 현실성도 따라잡으며 결국 작가로서도 당당한 1인 지식기업가의 길을 걷게 되어 어느 때보다 자기확신이 선다는 의미겠다. 그런 그녀에게 끝으로 이제 막 홀로서기를 시작했거나 계획 중인 인생 후배들에게 해주고 싶은 말을 청해보았다.

"평생 현역으로 할 수 있는 일이 무엇인지 자기 안에서 치열하게 찾고, 그것을 찾았으면 실패를 두려워 말고 추진하라고 말해주고 싶어요. 인생이란 게 그런 거잖아요. 자신 안에서 삶의 목표점을 찾아내 흔들림 없이 추구하다 보면 언젠가 꼭 이루게 되어 있어요. 그러니 이런저런 해야 하는 일들이 아니라, 내가 하고 싶은 일을 찾아 꿈을 이루는 삶을 살았으면 좋겠어요."

《바가바드 기타》에서 배운 공양의 삶을 자신에게도 각인하고 후배들에게 당부하는 문 작가. 그녀의 삶이 더 한층 지혜의 공양으로 빛을 발할 거라 믿는다.

1인 지식기업가로 가는 실행 로드맵 점검

● 로드맵 1: 꿈 혹은 천직을 찾았는가?

문 작가는 수필가로 등단한 때부터 자신의 꿈을 찾았다고 할 수 있다. 꿈의 방향성을 자신 안에서 일찌감치 찾아내고 그 길을 더 정교히 다듬어나가고 있다고 정의하는 것이 맞을 듯하다.

● 로드맵 2: 그 일이 자신의 성격과 기질에 맞는지 충분히 검토했는가?

1998년 수필가로 등단한 후, 다른 길은 한 번도 생각해본 적 없이 지금까지 책과 글에만 파묻혀 살아온 그녀다. 책을 내려놓고 해보고 싶었던 단 한 가지 일이 여행이라 하니, 책과 여행을 접목한 여행책 쓰기 코치는 어쩌면 그녀이기에 꼭 해야만 하는 그녀 고유의 콘텐츠라는 생각이다.

● 로드맵 3: 천직의 시장성을 검토했는가?

여행작가겸 여행책 쓰기 코치로서의 시장성을 분석해보면 전망은 밝은 편이라고 판단해도 좋을 듯하다. 전 세계 여행 시장은 매년 10퍼센트, 한국만 해도 7퍼센트 성장률을 기록한다. 이런 수치상의 이유만이 아니라도 점점 더 글로벌되어가고 공간의 제약이 없어지는 현대 사회에서 여행은 더는 선택된 소수의 고급스러운 유희가 아니라 사람들 누구나 교류하고 나누는 일상의 문화로 자리 잡아가고 있다. 이런 흐름에 맞춰 작가로서 오랜 내공을 갖춘 그녀의 여행책 쓰기 코칭은 자신의 철학 및 자기계발서적 붐과 더불어 차별화된 시장을 만들어낼 수 있을 것이다.

로드맵 4: 천직이 필살기 수준까지 도달하도록 수련했는가?

책 쓰기라면 이미 오랜 시간의 내공이 그것을 증명해주고도 남음이 있고, 그중에서도 여행작가로서는 인도, 터키 등의 순례 여행기가 줄줄이 출간될 예정이다. 긴말이 필요 없는 경우다.

로드맵 5: 최소한의 생존경비는 확보하고 시작했는가?

수필가로서 오랜 세월 명망을 이어오며, 화려하지는 않지만 자신만의 굳건한 브랜드를 구축하고 있다.

로드맵 6: 초기 수입의 다각화를 모색했는가?

여행책 쓰기 코치로 전환하기 이전에도 이미 프리랜서 작가로서 인세, 강의 및 원고 투고 등 수입의 다각화가 이루어져 있었다. 어쩌면 이러한 생활 패턴이 그녀로 하여금 또 다른 분야로의 전환을 큰 마찰 없이 이룰 수 있게 해주었을 것이다.

로드맵 7: 멘토가 있었는가?

수필계의 거목 맹난자 선생님을 멘토로 두고 작가로서, 인생의 선배로서 오랜 세월 등불처럼 여기고 자신의 길을 걸어오고 있다 한다. 역시 한 사람이 전문 분야에서 내공 깊은 뿌리를 내리기 위해서는 그에 걸맞은 멘토나 스승이 있어야 함을 보여준다.

로드맵 8: 1인 지식기업가 초창기, 나보다 큰 커뮤니티에서 채널 마케팅을 시작했는가?

수필가로 활동할 당시에는 수필계에서, 인터뷰 기자로 활동할 당시에는 불교계에서 이미 자신의 브랜드와 네트워크를 구축했다. 또 다른 전환점을 모색할 때 그녀가 택한 방식은 변화경영연구소 연구원의 길이었다. 이곳에서 그녀는 작가로서 변화하는 계기를 마련했다. 그뿐만 아니라 지금까지 그녀를 잘 모르던 자기경영 혹은 자기계발 독자들에게 자신을 자연스럽게 드러내며 본인도 알지 못하는 사이에 네트워킹 마케팅에 멋지게 성공했다.

로드맵 9: 개인 마케팅의 정점인 책 쓰기를 시도했는가?

이전부터 시작된 책 쓰기에서《걷는 자의 꿈, 실크로드》를 계기로 여행작가의 길을 시작하더니, 바로 뒤이어 《문윤정 여행작가의 모든 것》, 《당신도 여행작가다》를 펴내며 여행책 쓰기 코치로 변신했다. 역시나 작가답게 필요시마다 책을 써내며 자신의 브랜드를 성공적으로 재구축하고 있다.

7장

집중의 힘

: 함혜숙(더라인 미디어) :

더라인 아카데미

더라인 미디어   더라인 통번역 오픈케어

함혜숙

- 영어 · 중국어 영상 번역가로 조직 생활 5년, 프리랜서로 8년간 활동
- 2013년 '더라인 아카데미' 설립, '더라인 아카데미' 및 '더라인 미디어' 공동 대표
- 더라인 아카데미: http://www.thelinesvc.com
- 개인블로그(영상번역작업실): http://blog.naver.com/hamsuk77
- 저서:《(영어공부도 하고 돈도 버는) 영상 번역가로 먹고살기》

함께 가는
이들이
있기에

"더라인 미디어 대표, 함혜숙입니다."

명함을 내미는데 기분이 묘하다. 떨리는 것 같기도 하고 어딘가 민망한 것 같기도 하고, 내 것인 것 같기도 하고 타인의 이야기인 듯도 하고… 태어나 처음으로 '대표'라는 명함을 누군가에게 내밀어본 순간, 그때 그 느낌은 지금도 잊히지 않고 내 지역 어딘가에 각인되어 있다. 마치 이전의 모든 시간이 그 순간을 위해 준비한 것이라도 한 듯 말이다.

사실 처음에 대표라는 직함을 달기 시작한 것은 정식으로 회사를 만들기도 전, 그러니까 영상 번역가들끼리 팀을 꾸리면서부터였다. 번역이란 어쩌면 프리랜서 일 중 홀로 하기로 대표적인 일이기도 하지만, 한편 그렇기에 더더욱 팀을 이루어 일감을 수주하고 완성하는 것이 더 효율적이고 좋을 때가 많다.

그런 만큼 나 역시 번역가로서의 길에 접어든 지난 시간을 돌이켜

보면, 5년간 다녔던 번역 회사를 그만두고 나왔을 때가 가장 힘들었던 것 같다. 완전히 홀로 내동댕이쳐진 듯한 느낌을 받았으니까. 세상은 완전히 홀로 가는 길은 절대 아니라는 걸 뼈저리게 배운 순간이기도 했다.

이후 난 번역가들 카페에 가입하였다. 그곳에서 주최하는 오프라인 모임 등에 참석하면서 비로소 내게 진짜로 필요했던 알짜배기 정보들을 입수할 수 있게 되었다. 지금이 아무리 IT 기술이 발달한 시대라고는 하지만, 결국 사람 사는 세상은 얼굴을 맞대고 서로 간의 신뢰가 쌓였을 때 비로소 진정한 관계가 시작된다는 것도 이때 배웠다.

온라인상에서 주고받는 정보는 진짜 기본적인 정도, 누구라도 조금만 검색하면 금방 알 수 있는 그런 형식적인 것들이 대부분이다 (물론 이 정도도 맨 처음 새로운 시장에 뛰어든 이들에게는 소중한 정보이긴 하지만).

몇 번의 오프라인 모임이 거듭되면서 그냥 알던 사람들이 지인으로 변하고, 지인이 동료로 변해갈 무렵 온라인 세상 어디에서도 알 수 없는 정보들이 오가게 되었다. 그제야 비로소 나 역시 이 세계에 단단한 뿌리를 내리게 된 것 같다.

동료.

이들이야말로 프리랜서 영상 번역가로 전환한 내가 그 긴 시간을 버텨올 수 있었던 가장 큰 힘이었다.

사람들은 흔히 프리랜서는 모든 걸 혼자 해결하고, 늘 홀로 가는 이들로 생각한다. 하지만 일이 그러하기에 더욱더 함께 가는 이들이 필요한지도 모르겠다. 회사에 다닐 때처럼 늘 한 공간에 머물며 많은 시간을 함께하진 않지만 한 방향을 보고 서로 어려운 점을 헤아려주고, 그러면서 함께 성장하는 이들과의 관계는 직장 생활을 할 때 회사 동료들로부터는 느끼지 못했던 또 다른 값진 경험이자 자산인 듯하다.

그렇게 번역가 동료들과 장난처럼 팀을 꾸려서 만들기 시작했던 대표라는 명함이 이제는 어엿하게 더라인 미디어라는 정식 회사의 대표로 바뀌어 있다. 프리랜서 영상 번역가로 전환한 지 5년 만에, 흔히들 말하는 1만 시간을 도달한 쾌거라고나 할까.

이제 또 다른 1만 시간을 바라보는 지금, 난 회사 문을 박차고 나온 그때처럼 떨리거나 두렵지 않다. 이젠 무슨 일이든 준비하고 기다리면 기회가 오고, 기회가 왔을 때 부딪쳐 헤쳐나가다 보면 한 번의 기회에서 큰 수확을 얻지 못해도 적어도 두 번째 기회를 잡을 수 있다는 걸 깨달았기 때문이다.

'두려움 없이 체험하라.'

이것이야말로 지난 1만 시간을 걸어오면서 내가 가장 절실히 깨달은 사실이다. 그 길은 나 홀로 가는 것이 아니라 함께 가는 길이란 확신이 있기에 그 두려움조차 이젠 즐길 수 있게 된 듯하다.

오직 한 우물을
깊고 단단히

더라인 아카데미와 더라인 미디어 회사를 설립하여 영어 영상 번역가이자 대표로 분주한 나날을 보내는 함혜숙 대표. 사실 대학 시절 전공은 중국어였다고 한다. 그런 그녀가 어떻게 영어 영상 번역가의 길로 접어들게 되었는지부터가 궁금하다.

"처음엔 사실 영어 번역을 할 것이라고는 저도 생각지 못했어요. 졸업할 즈음이었던가, 어느 날 방송을 보는데 드라마 번역자 이름이 올라오는 거예요. '아, 저런 일도 있구나…' 하는 생각과 함께 나도 전공을 살려서 번역을 해보고 싶다는 생각이 들었어요."

그럼 시작은 중국어 번역이었다는 의미인가?

"처음 회사에 들어간 계기는 그런 거죠. 2001년에 우연히 영상 번역 회사의 직원 모집 공고를 보고 이력서를 넣었는데 바로 채용이 됐어요. 위성 케이블 방송이 막 시작되면서 중국 드라마 수입이 늘 것으로 예상하고 중국어 번역 가능자를 찾고 있었다고 하더군요. 운이 좋게도 타이밍이 맞았던 거죠."

그럼 어떻게, 언제부터 영어 번역을 하게 되었을까?

"막상 회사에 들어가고 보니 중국어 방송 수입 분량이 그리 많지 않은 거예요. 그러자 대표님이 중국어만 갖고는 먹고살기 힘드니 영어도 병행하라고 하시더라고요. 해서 틈틈이 영어 공부를 보충하면서 일단 영어 영상 번역 감수 작업부터 시작하게 되었죠. 그렇게 영어 영상 번역 세계에 입문했어요."

영어 전공자도 아니고, 그렇다고 해외 유학파도 아닌 함혜숙 대표가 영어 영상 번역의 세계에 뛰어들게 된 것은 순전히 이런저런 일들이 꼬리를 물고 그녀 앞에 펼쳐졌다는 느낌이다. 그때마다 피하지 않고 일단 부딪치며 하나씩 작은 산을 넘어가는 그녀 모습이 눈에 보이는 듯하다.

그런 그녀가 회사 생활을 시작한 지 5년 만에 회사를 나와 프리랜서 영상 번역가의 길을 걷기 시작한다. 왜였을까? 이제는 영상 번역에 자신이 붙어서 홀로서기를 하고 싶었던 걸까?

"그런 건 아니었어요. 다만 회사를 더 다니다간 숨이 막혀 죽을 것 같다는 느낌이랄까, 뭐 그런 거였어요. 학교 졸업하고 바로 들어간 회사였잖아요. 어린 나이엔 정말 이곳이 아니면 제가 다닐 곳이 없을 것 같고, 여기에 꼭 붙어 있어야 할 것 같고, 더 큰 세상을 볼 안목도 없고 두렵기도 하고 그랬죠. 그런데 시간이 갈수록 조금씩 제가 어디에 매여 있고 무엇에 갇혀 있는지가 보이기 시작한 거죠. 사람들이 그때 제게 말하기를 회사에서의 연차가 올라가면 올라갈수록 얼굴이 점점 어두워진다고 하더라고요."

어린 시절 첫 직장이란 누구에게나 그곳이 전부인 것 같고, 거기를 나오면 야생에서 곧 죽을 것 같다는 두려움을 안기는 곳 같다. 그래서 대개는 세월과 함께 조직에 대한 종속력이 점점 더 굳세져,

결국에는 질긴 애증 관계로 나의 삶과 밥을 교환하는 처절한 관계로까지 이어진다.

결국 함혜숙 대표는 1만 시간, 즉 1년에 2,000시간씩(1일 8시간 ×5일=주 40시간, 주 40시간×50주=연 2,000시간) 5년간의 시간을 들여 영상 번역가로의 전환을 준비한 뒤 회사를 나오게 된다. 인터뷰를 하면서 그 시간 동안 어느 정도 영상 번역가로 접어든 게 아닐까 싶었는데, 함 대표는 극구 아니라며 그 시간은 말 그대로 준비의 시간이었다고 한다. 전공인 중국어가 아닌 영어 번역가로의 전환이었으니 그도 그럴 수 있겠다고 수긍이 됐다.

막막하기만 했던 프리랜서의 길

프리랜서 영상 번역가로 전환했을 때 첫 느낌은 어땠을까?

"막막함이요. 막상 회사라는 곳을 나오고 나니 아무도 없는 곳에 내던져진 느낌이랄까…. 지금부턴 모든 걸 혼자 하고 혼자 책임지고 가야 한다는 사실이 처음엔 엄청나게 막막하더라고요."

함 대표의 경우는 그래도 다른 프리랜서들보다는 경력이 단절되는 것이 아니라 연장되는 경우인데도 막막함부터 느껴졌다고 한다. 하물며 조직 생활에 물들었던 이들이 아무 준비 없이 회사 문을 나오면 오죽할까 싶었다. 그들이 심리적 공황상태를 겪게 된다는 말이 이해되는 순간이었다. 그렇다면 그녀는 그 위기를 어떻게 극복했을까?

"사실 처음엔 딱히 영어 영상 번역을 해야겠다고 굳히고 나온 것도 아니었어요. 많진 않았지만 중국어 번역 일이 있으면 그걸 하기도 했어요. 그런데 영어도 짬짬이 하다 보니 저도 모르는 사이에 영어, 중국어 양쪽 일을 다 하고 있더라고요. 그래서 회사를 나와서는 일단 일감을 구해야 하니까 영어, 중국어 양쪽 다 가능하다고 지원서를 뿌리기 시작했죠. 역시나 영어 쪽 일감이 먼저 들어오더라고요. 하지만 제가 번역 회사에서 5년이나 일을 했음에도 결국 번역 시장 전체는 잘 몰랐다는 걸 깨닫게 됐어요. 그냥 정말이지 한 회사 안에만 갇혀 있었다고나 할까요. 해서 어느 순간부터 번역 카페에 가입하고 오프라인 모임에 나가서 친교도 쌓았어요. 그러면서 조금씩 번역 시장에도 눈뜨게 되고 동료들도 생기게 되었죠. 처음의 그 막막함이 조금씩 사라지면서 나도 영상 번역가로 살아갈 수 있겠구나 하는, 자신감까진 아니어도 안도감이랄까⋯ 안정감이 생기기 시작했어요⋯."

작은 통통배를 타고 가다 태평양에 문득 뛰어들었을 때의 느낌이 이러할까? 그런데 막상 뛰어들어 보니 거기엔 이미 앞서서 바닷길을 개척한 동료들이 있고, 두렵게만 느껴졌던 그 시퍼런 물살 속엔 알고 보니 아름다운 진주며 보석들이 곳곳에 숨겨졌다는 걸 알게 되는 느낌? 현실은 늘 그런 것 같다. 막상 내가 직접 뛰어들어 부딪쳐보면 별일 아닐 수도 있는데, 외부에서 바라만 볼 때는 그 두려움의 실체가 훨씬 더 크게 느껴지는. 그러므로 가끔은 한 번씩 뛰어내리는 용기가 필요한 것 같다. 너무 뒤로 미루다 누군가에게 떠밀리기 전에 말이다.

아무튼 번역 회사 직원으로 1만 시간을 거친 함 대표. 이제 프리랜서 영상 번역가로 독립하고 5년, 즉 다시금 1만 시간이 지난 2011년에는 바야흐로 자신의 첫 책 《영상 번역가로 먹고살기》를 출간하게까지 된다. 1만 시간의 사이클마다 한 뼘씩 성장을 이루어내는 그녀만의 성과다. 그녀는 어떻게 책을 내게 되었을까?

"처음엔 그냥 블로그에 글을 올리기 시작했어요. 회사에 다니면서 배우고 느꼈던 점들을, 회사 다닐 때는 아무래도 시간도 그렇고 해서 올리지 못했는데 프리랜서로 독립하면서 자유 시간을 이용해 짬짬이 정리해봤죠. 그러다가 프리랜서 생활을 하면서 얻게 되는 정보, 터득한 것들까지 자연히 이어지게 됐어요. 그렇게 몇 년간 글을 올리다 보니 어느새 블로그에 영상 번역 관련해서 올린 글들이 꽤 많이 모이더라고요. '어쩌면 나도 이걸로 책을 낼 수 있지 않을까?' 하는 생각이 들었어요."

출판기획자의 시선으로 볼 때는 가장 탄탄한 책 쓰기 준비 과정을 거쳤다는 판단이다. 자신의 전문 분야 콘텐츠를 블로그에 하나둘씩 쌓으며 더불어 글쓰기 연습도 하고, 그러면서 사전 마케팅 활동도 되니 이거야말로 최근 내 책을 쓰고 싶어 하는 사람들이 모델로 삼아 거쳐가면 좋을 방식이라 할 수 있겠다. 몇 년간 꾸준히 자기 분야의 콘텐츠를 쌓을 수만 있다면 말이다.

아무튼 이런 경우들 중에는 출판사에 의해 블로그 글이 발탁되어 책으로 나오기도 하는데 함 대표도 그런 사례였을까?

"아니요, 그렇지는 않고요. 저는 제가 직접 책을 내기 위해 좀 더 적극적으로 움직였어요. 책 쓰기 과정들을 찾다가 명로진 선생님의 인디라이터 강좌를 수강했거든요. 거기서 기본반, 심화반을 들으면서 갖고 있는 콘텐츠를 활용해서 기획안 만들고 목차 만들고 원고도 더 다듬고. 그렇게 해서 책을 내게 되었죠."

지금까지 여러 명의 1인 지식기업가를 인터뷰해왔지만, 함 대표는 참 철저히 준비하고 준비가 어느 선에 도달하면 적극적으로 다음 길을 모색한다는 느낌이 들었다. 자신이 가고자 하는 하나의 방향을 정해서 이렇게 집중하여 준비하고 거기다 적극적으로 실행까지 한다면 어떻게 길이 열리지 않겠는가.

책이 나온 후 그녀의 삶에는 또 어떤 변화가 생겼을까? 그녀는 과연 어떤 변화의 실마리들을 잡아 어떻게 자신의 삶으로 끌어들였는지, 이젠 인터뷰가 아니라 그녀의 이야기 자체가 궁금해지기 시작했다.

"상상마당에서 주최하는 강의 제안이 가장 첫 번째 변화였어요. 제 인생에서 처음 있는 일이었죠. 사실 그때까지만 해도 제가 성격이 좀 소심해서 남 앞에 나서는 것도 꺼리고 그랬으니, 사람들을 모아놓고 강의를 한다는 건 제겐 엄청난 일이었죠."

1인 지식기업가로 안정권에 들었는지 어떤지를 판단하는 기준으로 바로 호응 마케팅이 일어나는지 어떤지를 가늠해보면 된다고 한다. 호응 마케팅이란 다름 아니라 나 대신 사회가 호응해서 마케팅을 해주는 방식으로, 강연이나 칼럼 등 그 일 자체가 마케팅도 되면서 수입원이 되어주기도 한다. 그런 만큼 이 정도의 반응이 일기 시작하면 드디어 한 사람의 개인은 1인 지식기업가로 홀로서기가 가능하다고 볼 수 있다. 함 대표는 첫 책이 나오고 바로 이 호응 마케팅이 일기 시작한 예라 할 수 있겠다. 2011년에 책을 출간하였으니 정확히 프리랜서 영상 번역가로 독립한 지 5년 차, 1만 시간의 완주 끝에 나온 값진 성과물이다.

그러고 보니 강의 정도가 아니라 이때쯤 회사를 설립한 것 같은데?

"네, 맞아요. 강의를 시작하면서 조금씩 일감이 늘어나기 시작하더라고요. 한편으로는 강의를 통해 번역가도 배출하기 시작했고요. 한편에선 일감이 늘고 한편에선 번역가를 배출하고. 그러다 보니 자연히 팀을 꾸려서 일감을 받기 시작했어요. 아무래도 초보 번역가들은 시니어 번역가가 함께 팀을 이루어 감수를 해주면 완성도가 높아지거든요. 그렇게 팀을 만들기 시작한 게 결국 규모가 커져서 회사까지 만들게 된 거죠. 처음 강의를 시작할 때만 해도 의도하지 않았는데 하다 보니 이렇게까지 진행된 것 같아요."

이십대 중반에 번역 회사 입사를 시작으로 프리랜서 영상 번역가로 한 번 변신한 뒤, 다시금 5년 뒤에 자신의 책을 써서 번역 회사를 설립하기까지. 결코 짧지 않은 10년 세월을 그녀가 한순간도 헛되이 보내지 않았다는 게 느껴졌다. 회사도 처음에는 번역가들을 양성하는 '더라인 아카데미'에서 시작했지만, 곧이어 번역 회사인 '더라인 미디어'를 만들어 선순환 구조를 만들었다. 그러더니 이제는 더라인 미디어에서 영상 번역 외의 일까지도 계획 중이라 한다. 또 어떤 일을 구상하고 있는 걸까?

"처음에는 영상 번역 회사로 시작했지만, 번역가들이라고 해서 꼭 번역 일에만 한정지을 필요는 없다는 생각이 들더라고요. 오히려 번역을 할 수 있으니까 기타 할 수 있는 일들이 더 많아지는 거잖아요. 해서 웹툰 번역이나 영상물 수입 등의 일을 하고, 그 일들을 다시금 응용해서 콘텐츠를 개발하는 데까지 사업 범위를 확장해보려고요."

당차기도 하고 멋있기도 하다는 생각이 들었다. 눈을 빛내며 자신의 이야기를 풀어놓는 그녀를 보면 정말 일을 사랑하고 있구나 하는 느낌이 전해져 왔다. 이런 열정을 지닌 이라면 앞으로도 회사는 계속 성장, 발전할 거란 생각이 절로 들었다.

꼼꼼히 준비하고 직접 부딪치길

그런 그녀가 아내로서, 어머니로서의 삶에 대해서는 어떻게 생각하는지 궁금했다. 결혼 6년 차에 접어드는데 아직 아기가 없다는 그녀, 무언가 이유가 있는 걸까?

"아기를 낳으면 제가 키우고 싶다는 마음이 있어요. 근데 아무리 프리랜서라지만 일과 육아를 병행하다 보면 누군가의 도움을 받아야 하는데, 그게 그렇게 간단한 문제가 아니더라고요. 남의 손에 아이를 맡기지 않으려면 결국 친정엄마의 힘을 빌려야 하는데, 사실 엄마는 지금까지 저희 키우느라 늘 애쓰시다 이제 겨우 당신 인생을 살고 계신 셈이잖아요. 그런데 거기다 또 손주를 키워달라는 건 엄마한테 너무 가혹한 일이 되는 것 같아요. 그렇다고 아이를 남의 손에 맡기는 건 아이를 생각할 때 못할 짓 같고. 또, 제 입장에선 일을 그만두고 싶지는 않고…. 이런저런 생각에 한 해 두 해 미뤄왔는데, 얼마 전 남편과 상의해서 아예 낳지 않는 쪽으로 결정했어요. 아이를 낳게 되면 결국 모든 일이 양육으로 귀결되면서 일까지도 결국 '아이를 좀 더 잘 키우기 위해 돈을 더 많이 벌어야 한다'라는 방향으로 흐르기가 쉬울 것 같아서요. 저희 두 사람 다 각자 하고 싶은 일을 하면서 행복해지고 싶은데 자칫 양육이란 현실에 너무 심하게 매일 것 같아 그렇게 결정했어요."

X-세대여서일까. 이전 세대와는 사뭇 다른 가치관과 인생관이란 생각이 들었다. 이전 세대까지는 여자라면 누구나 일과 육아 중하나를 선택하거나, 전쟁과도 같은 일상을 살아내더라도 병행을했다. 그런데 확실히 X-세대부터는 여자라도 일과 결혼을 선택하고, 아이를 포기하는 사례들이 눈에 띈다. 경제적·사회적으로 여러 가지 이유가 있겠지만, 그래도 우리 사회가 이제 개인의 선택권에 대해 너그러워진 건가 싶어 반갑기도 하였다.

"저희 세대라고 해서 결혼을 하고 아이를 낳지 않는 것에 반드시너그러운 건 아닌 것 같아요. 다만 전 사회적 압력 때문에 잘 해낼 자신이 없는 일을 하고 싶지는 않다는 거죠. 예전에는 이 문제에 대해서 저도 고민이 많았는데 어느 순간 저 자신에게 먼저 떳떳해야겠다는 생각이 들었어요."

사실 아직까지도 육아 관련 사회적 복지정책이 미미한 우리나라에서 양육은 철저히 개인의 문제이고, 그중에서도 특히 아버지보단 어머니에게 무게중심이 가 있는 것 또한 사실이다. 그러다 보니 이전 세대까지는 커리어 우먼으로 살기 위해선 싱글라이프를 선택했던 여성들이, 앞으로는 함 대표처럼 결혼은 하되 아이는 낳지 않는 가정 역시 비혼만큼이나 늘어나지 않을까 싶다.

이렇게까지 일에 몰두하는 그녀가 영상 번역가로서의 차별화 포인트는 어디에 두고 있는지 물어보았다.

"끝까지 꼼꼼하게 하는 거요."

자신의 번역 회사를 차려 대표까지 역임하는 함 대표이기에 조금 더 거창한 답이 나올 줄 알았는데 약간 김이 새려는 순간이었다. 그런데 답변이 이어진다.

"대개 번역가들은 번역만 하면 거기서 끝인 줄 아는데 사실 맞춤법까지 철저히 점검해서 의뢰한 쪽에서 추가로 감수를 하지 않게 해주는 것이 가장 프로다운 번역이거든요."

무슨 이야기인지 좀 더 들어볼 필요가 있을 것 같다.

"저 같은 경우는 예전에 번역 회사에 다녔기에 시장에서 요구하는 번역 수준이 어디까지라는 걸 잘 알고 있어요. 그런데 회사 다닌 경험 없이 바로 번역만 하시는 분들은 일을 어디까지 해주어야 하는지를 잘 모르는 것 같더라고요. 그런 면에서 제가 이전에 번역 회사에서 일한 경험이 유용하게 쓰이는 것 같아요. 감수가 필요 없을 정도로 맞춤법 체크까지 하는 것도 그렇고, 의뢰하신 분들과 소통을 할 때도 예전에 회사에서 일했던 경험이 도움되는 경우가 많아요. 의뢰인들의 입장을 잘 알다 보니 아무래도 그런 경험이 없는 분들하고는 차별화가 되지요."

역시 세상 경험은 쓸모 없는 것이 하나도 없다는 생각이 들었다. 내가 걸어온 길, 내가 겪은 작은 에피소드 하나도 살아가면서 어느 시점에는 다 나의 자산으로 활용되니 말이다. 그런 그녀의 멘토는 누구였을까?

"명로진 인디라이터연구소의 명로진 선생님이에요. 제가 해보기 전에는 몰랐는데 누군가를 가르치면서 자신의 콘텐츠를 계속해서 생산해낸다는 것은 지속적인 자기 성장 없이는 절대 불가능한 일이더라고요. 결국 자신이 가르치는 이들과 함께 성장하는 길밖에 없는 거죠. 명로진 선생님은 지금까지 수많은 제자를 배출하면서 선생님 역시 끊임없이 콘텐츠를 생산해오셨잖아요. 그런 모습을 보고 배우는 점이 많아요. 앞으로 제가 가야 할 길이기도 하고요."

자기 성장 없이는 지속적인 콘텐츠 생산이 불가능하다는 말은 자신의 이름을 걸고 개인 브랜딩으로 살아가야 하는 1인 지식기업가들에겐 생명줄과도 같은 말이다. 어쩌다 한 번 만들어내게 된 콘텐츠로 평생 먹고살 수는 없으니 말이다. 그렇다면 지속적인 콘텐츠 생산의 가장 기본 요소인 책 읽기는 어떠할까. 함 대표의 내 인생의 책이 궁금해졌다.

"김형경 작가의 《사람풍경》이란 책인데요, 거기 보면 '삶은 파도타기와 같다'라는 이야기가 나와요. 삶은 파도와 같으니 즐겨야 한다는 거죠. 삶이란 게 그런 것 같아요. 대학을 들어가면 끝인가 싶은데 취직을 해야 하고, 취직을 하면 모든 게 해결되나 싶은데 결혼을 고민해야 하고. 결혼하면 다 안정되나 싶은데 여전히 하고 싶은 일은 또 있고. 이렇게 삶은 어느 한 순간에도 완전하게 안정되지 않고 늘 진행형인 것 같아요. 그러니까 어떤 조건이 갖춰진다고 행복할 수 있는 건 아닌 거죠."

아마 무언가를 목표로 하고 그것을 성취해본 사람들은 어느 시점에서 반드시 부딪히게 되는 명제인 것 같다. 인생에서 외부 환경이 완전해져서 내가 행복해지는 경우는 없는 것 같다. 반대로 외적 목표는 신기루같아서 하나를 성취하고 돌아서면 어느새 손아귀에서 빠져나가는 모래알처럼 허무하다는 생각이 드는 경우가 대부분이다. 더군다나 조직이 아니라 스스로 주체가 되어 프리랜서로서의 삶을 살아가기 위해선 더더욱 외부 자극에 흔들림 없이 내 길을 가야 한다. 그러기 위해서도 반드시 내 안에서 내가 좋아하는 일을 찾아 그 길을 북극성 삼아 가야 하는 것 같다.

이제는 X-세대라기보다는 한 회사의 대표이자 리더의 분위기가 훨씬 더 어울리는 함 대표, 1인 지식기업가로서 어느 정도 안정권에 들면서 가장 좋은 점은 무엇이며 가장 많이 변한 건 무엇일까?

"가장 좋은 건 제 마음대로 일을 기획할 수 있다는 점이에요. 예전엔 주어진 일, 시키는 일만 해야 했는데 이젠 제가 회사를 어떻게 끌어갈지, 어떤 분야의 사업을 할지까지 전부 스스로 기획할 수 있으니까요. 이러한 일들에서 짜릿함이 느껴져요. 그러면서 한편으로 저 자신조차도 신기한 일이 생겼어요. 예전엔 제가 정말 소심한 성격이었거든요. 부끄럼도 많이 타고, 남 앞에 나서기도 싫어하고. 그런데 요즘은 사람들을 이끌어주려고 하고 리딩하면서 저도 모르게 리더로서의 모습을 조금씩 갖춰가는 것 같아요. 스스로도 믿기지 않지만, 이전과 비교했을 때 가장 많이 달라진 모습이에요."

역시 자리가 사람을 만든다는 말이 맞는 걸까. 지금의 함 대표를 보면 예전에 소심하고 남 앞에 나서는 걸 부끄러워했다는 말이 믿기지 않을 정도니 말이다. 그녀의 이야기에 취해 인터뷰를 하다 보니 짧지 않은 시간이 바람처럼 휙하고 달려간 느낌이 들었다. 그만큼 1인 지식기업가로 살아온 10년 세월이 꽉 차게 느껴져서일 것이다.

마지막으로, 이제 막 출발선에 선 후배들에게 해주고 싶은 말은 무엇인지를 물어보았다.

"체험하라고 말해주고 싶어요. 사람들은 대개 준비는 하지 않고 기회부터 찾으려 하거나 무언가 새로운 일을 시작하고 1년 내에 결과를 보려고 조급해하는 것 같아요. 하지만 준비하지 않은 상태에선 설혹 기회가 온다 해도 그 기회를 잡을 수 없어요. 대신 준비를 잘 해두면 혹 첫 번째 기회에서 모든 걸 한 번에 이룰 수 없다 하더라도 그걸 발판 삼아 두 번째 기회를 다시 만들 수 있어요. 기회보다 중요한 건 스스로 준비하는 것이라는 말을 꼭 해주고 싶어요. 뭐든지 자신이 직접 준비하고 체험해보는 것이 가장 중요해요."

중요한 건 준비와 실행이라는 얘기다. 직접 부딪쳐 자신의 것으로 만드는 것. 간단하면서도 어려운, 하지만 절대 피할 수 없는 진리이리라.

그녀와의 인터뷰는 여러 면에서 앞으로 우리나라 여성들의 미래를 보여주는 것 같았다. 일과 가정 양쪽 모두에서 주체적이면서 열정적인 그 모습이 말이다. 미래 우리 사회에는 점점 더 많은 소규모 여성 비즈니스가 사회 구석구석에서 자신들 고유의 꽃을 피워올릴 것 같다는 예감이 든다.

1인 지식기업가로 가는 실행 로드맵 점검

로드맵 1: 꿈 혹은 천직을 찾았는가?

함 대표는 대학교 때 우연히 보게 된 TV에서 번역가란 타이틀에 꽂힌 후 지금까지 한시도 그 길에서 벗어난 적이 없었다. 자신의 천직이 아니고선 가능한 일이 아닐 것 같다.

로드맵 2: 그 일이 자신의 성격과 기질에 맞는지 충분히 검토했는가?

더라인 미디어가 지금보다 더 성장한 뒤에 하고 싶은 일이 무엇이냐고 물었더니 '영상 번역가'라고 한다. 그러니까 영상 번역을 죽을 때까지 안정적으로 하고 싶어서 회사를 만들고 확장하는 것이라고. 참으로 타고난 기질이고 재능이란 생각이 들었다. 지난 10년 동안 단 한 차례의 외도도 없이 이 길을 걸어온 걸 봐도 자신의 재능과 기질에 맞는지에 대한 검토는 충분했다는 판단이다.

로드맵 3: 천직의 시장성을 검토했는가?

원래 중국어가 전공이었지만 시장의 수요에 따라 영어 번역가로 전환한 경우다. 그러니까 번역 자체의 매력에 푹 빠져서 전공 언어를 시장성에 맞춰 탄력적으로 변경한 사례다. 자신의 콘텐츠가 필살기 수준에 오르는 것이 끝이 아니고 시장성까지 갖추어야 한다는 점에서 예비 1인 지식기업가들이 눈여겨볼 대목이다. 함 대표의 경우처럼 번역이 좋다면 일단 시장의 수요가 많은 영어로 기반을 다진 뒤에 본인이 정 원한다면 중국어 번역도 틈틈이 할 수 있을 것이다. 내가 원하는 일이 시장의 관점에서 뚫어내기 어렵다면, 일단 할 수 있는 일을 발판으로 삼아 원하는 일로 나아가는 융통성을 발휘할 필요도 있다.

로드맵 4: 천직이 필살기 수준까지 도달하도록 수련했는가?

번역 회사에서 5년, 이후 프리랜서 번역가로서 또다시 5년, 총 10년간 1만 시간 사이클을 두 번이나 완주했으니 필살기 수련에 대해서는 긴말이 필요 없는 경우라 할 수 있겠다.

로드맵 5: 최소한의 생존경비는 확보하고 시작했는가?

회사에서 나오면서 경력 단절이 아니라 경력이 연장된 경우로 무수입 기간을 염려할 필요가 없었다. 달리 표현하자면 현업을 그만둔 후 현업에서 익힌 스킬로 홀로서기의 길을 걷기 시작한 경우로, 가장 안정적으로 1인 지식기업가의 길을 걸은 사례라 할 수 있겠다. 이런 경우라면, 설혹 회사 문을 나오기 전 최소 생존경비 비축이 다소 미흡하더라도 과감히 도전해볼 수 있다.

로드맵 6: 초기 수입의 다각화를 모색했는가?

프리랜서로 전환한 이후, 함 대표의 말에 의하면 일단 영어와 중국어 번역을 병행한다고 이력서를 써서 번역 회사에 프리랜서로 지원했다고 한다. 프리랜서 번역가로 안정권에 들기까지는 그녀 역시 할 수 있는 한 자신만의 방식으로 수입의 다각화를 모색했음을 엿볼 수 있다.

로드맵 7: 멘토가 있었는가?

명로진 인디라이터연구소의 명로진 선생님을 멘토로 꼽고 있다. 명 선생님을 만나 자신의 책을 쓰게 되었고 그때부터 본격적으로 활동 범위를 넓혔으며, 가르치고 콘텐츠를 생산하는 폭넓은 세계의 롤 모델로 삼고 있다. 바야흐로 영상 번역가에서 더라인 미디어 대표로 세계를 확장하는 데 길잡이가 되어준 멘토라 할 수 있겠다.

로드맵 8: 1인 지식기업가 초창기, 나보다 큰 커뮤니티에서 채널 마케팅을 시작했는가?

프리랜서로 전환하였을 때 초기의 막막함을 이기고자 가입한 카페에서의 활동을 굳이 마케팅 활동으로 꼽을 수는 없겠지만, 거기에서 인맥과 친분을 쌓으며 더 좋은 일감도 얻은 것을 고려할 때, 자신도 모르는 사이에 채널 마케팅 효과를 얻었다고 볼 수 있겠다.

이후 자신의 회사를 설립한 후에는, 더라인 통·번역 카페를 운영하면서 자신의 온라인 커뮤니티를 형성하고 있다.

● 로드맵 9: 개인 마케팅의 정점인 책 쓰기를 시도했는가?

프리랜서로 전환한 지 5년 만인 2011년에 자신의 책을 출간했고, 출간 이후 강의에 이어 회사 설립까지 너무도 안정적인 1인 지식기업가의 길을 걸어왔다. 자신의 길을 한 걸음, 한 걸음 탄탄히 구축해온 성공적인 모델이다.

8장

저력의 힘

: 이미리(디자이너) :

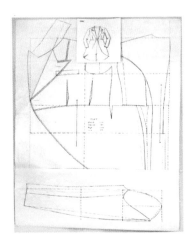

이미리

- 국민대 조형대학 의상학과 졸업, 동 대학 디자인대학원 졸업
- 이탈리아 'SCUOLA ARTISTICA PER LA MODA' Modello Femminile,
  Modello Maschile 과정 졸업
- 국제 패션디자인연구원 졸업
- 2014년 SBA 희망 설계 아카데미 6기 졸업
- 현재 프리랜서로 활동하고있으며, 두타의 모 브랜드에 Pattern 재능 기부 중

내가
피워내는
꽃

　패션의 도시라고 하는 밀라노의 거리, 상점들의 윈도 장식 등을
보면 그 자체가 마치 예술품 같다. 그냥 화려하다기보다는 마치 하
나의 작품을 보여주는 듯하다. 그런데 더 신기한 것은 여성복보다
남성복 가게들의 윈도가 훨씬 고급스럽고 우아하다는 것이다.

　세계적인 패션 도시 밀라노, 그곳을 더욱 빛나게 하는 것은 여성
복이 아니라 남성복이다.

　사회적 지위와 한 남자의 품격은 바로 정장의 우아함과 직결된다
는 것, 그것이 바로 내가 남성복에 빠져드는 이유가 아닐까 싶다.
그리고 난 밀라노 거리를 걸으며 그 본연의 향기에 흠뻑 취했다.
한 집 건너 향수가게가 있는 밀라노 거리. 그래서인지 지나가는 남
자들에게서도 그 나름의 독특한 향이 전해져 오는 것 같다.

　역시 패션의 정수는 보이는 화려함이 전부가 아니다. 바로 남성복
정장이다. 그리고 남성복이야말로 나의 예술적 감각과 장인정신을

하나로 모아 미리라는 브랜드를 세상과 연결할 나의 작품이 될 것이다.

그때 나이 사십대. 그 시절로부터 훌쩍 시간이 흐른 뒤 돌아보니, 밀라노 거리를 걸으며 패턴 공부에 한창 열중하던 나는 사십대밖에 안 되었다.

인생은 늘 그러한 것 같다. 삼십대에 사십을 바라보면 나이 든 것처럼 느껴지지만, 오십대가 되어 사십대를 회상하면 여전히 젊음의 언저리로 회상된다. 육십대에 돌아보는 밀라노 유학시절의 나는 청춘은 아니었지만, 그래서 인생에 대해 무언가 좀 더 진지한 열정을 품을 수 있는 때였던 것 같다.

그래서이리라. 내가 꿈을 절대 포기하지 않고 지금 다시 창업을 꿈꾸는 이유 말이다. 지금부터 또 한참의 시간이 흘러 칠십대가 되어 다시 이 시기를 돌아보면 아직 아무것도 늦지 않았다고 할 테니 말이다.

아직 신체 건강하고, 전문성은 점점 더 익어가는 지금의 내 나이가 세상에 나아가는 데 걸림돌이 될 이유는 없다. 인생은 육십부터라는 조금은 유치한 속담을 굳이 꺼내들지 않더라도, 요즘은 특히 나이 자체를 의식할 필요조차 없다는 생각이다. 나는 언제나 나, 이 미리일 뿐이다.

내 꿈은 변함없이 상위 1퍼센트 패턴 기술을 지닌 남성복 전문 맞춤 디자이너.

그것이야말로 끝까지 내가 가져갈 나만의 세상인 것이다.

스튜디오 미리. 황금빛 노년의 삶에 꼭 피워낼 내 꽃이다.

밀라노 거리에서
남성 정장에 꽂히다

이미리 디자이너는 의상학과 출신이다. 하지만 처음부터 의상 디자이너가 되려고 전공을 선택한 것은 아니었다. 심지어 의상학과를 졸업하고 사회에 첫발을 내디딘 것은 전공 분야가 아니라 박사님들이 즐비하게 모여 연구하는 연구소 어시스턴트였다. 그리고 10년 가까이 너무도 완벽하게 그 일에 머무르며 많은 걸 배우고 아주 만족한 시간을 보냈다고 한다.

　그러던 어느 날, 그 시대 여성으로서는 참으로 드물게 삼십대 중반에 다시 디자인연구소에서 연구원이 되어 공부를 시작하게 된다. 어찌 된 영문인지 궁금하지 않을 수 없다.

"아마 그랬던 것 같아요. 연구소 일이 아무 문제가 없고 많이 배우며 만족스러운 시간이 이어지기는 했지만, 그렇다고 어릴 때부터 좋아했던 미술이나 디자인 쪽에 대한 열망을 아주 놓아버린 적은 없었지 싶어요. 대학 다닐 때만 해도 평생 그 일을 업으로 삼아야지 하는 생각은 한 적이 없었지만, 그리고 그때 시대가 여자는 졸업하면 바로 시집가고 그런 분위기였으니까 좋아하더라도 거기까지라고만 생각했어요. 그런데 사실 내 안에서는 디자인에 대한 열정이 꽤 강했던 거죠. 그게 삼십대 중반에 터져 나왔다고 할 수 있을 것 같네요."

그렇게 당시로써는 파격적인 늦깎이로 디자인연구소에서 공부한 이 디자이너. 그런 만큼 재능과 노력이 한꺼번에 터져 나와서였을까. 연구소를 마친 뒤 실력이 인정되어 바로 연구소 강사로 발탁된다. 역시 사람은 누구나 좋아하고 잘하는 일을 할 때 빛을 발하는 듯하다.

그렇게 시작한 디자인연구소 강사 생활이 20여 년간 지속되고, 그 사이 그녀는 삼십대에 이탈리아 유학, 사십대에 다시 의상 디자인 대학원까지 마친다. 재능에 노력이 더해진 것이다.

그런데 한 가지 흥미로운 건, 그녀가 이탈리아에 가서 공부한 것이 디자인이 아니라 패턴이라는 사실이다. 의상 디자인 공부를 하는 사람이라면 으레 외국 유학을 가더라도 디자인 공부를 할 것 같은데 패턴이라니. 생소하고 특이하다. 무슨 특별한 이유가 있어서였을까?

"프로 디자이너가 되기 위해선 사실 패턴이 가장 기본인데, 이걸 탄탄히 공부하는 디자이너가 현실적으로 그다지 많지는 않아요. 디자인이라는 게 그렇거든요. 아무리 종이 위에 멋진 디자인을 그려낸다고 하더라도, 실제적으로 그려낸 디자인을 옷으로 멋지게 표현하기 위해서는 패턴이 중요해요. 패턴이 핏을 좌우한다고 해도 과언이 아닌 거죠. 그럼에도 대부분 디자이너가 디자인에만 매달려요. 그러면서 패턴사는 별도로 두는 편인데, 나는 패턴까지 완벽하게 컨트롤할 수 있는 디자이너가 되고 싶었어요. 그래서 한국인으로서는 드물게 이탈리아에서 패턴 공부를 하게 되었죠."

정말 일반인들은 잘 모르는 디자인 분야만의 이야기다. 무대 뒤에서 더 완벽하게 준비하고 싶어하는 장인정신이 엿보인다. 그렇다면 왜 하필 남성 정장이었을까? 패턴까지 완벽하게 마스터한 디자이너라면 패션의 꽃이라고 하는 여성복 쪽에서 더 빛을 발할 수 있는 게 아닐까?

"아니에요. 그건 패션을 잘 몰라서 하는 이야기죠. 여성복은 패턴이 좀 처져도 디자인이나 색깔 혹은 장식 등으로 어느 정도 커버가 돼요. 하지만 남성복, 그중에서도 특히 정장은 패턴이 살아주지 않으면 색깔이나 디자인으로는 절대 보완할 수 없는 한계가 있어요. 그야말로 패턴과 디자인이 최상의 조화를 이루어야 하는 옷이 남성 정장이죠. 내가 남성 정장에 가장 끌리는 이유이기도 하고요."

그러니까 디자이너가 갈 수 있는 최고의 경지 혹은 예술가의 경지를 구현할 수 있는 것이 전문가들 세계에선 남성 정장이란 뜻일 수도 있겠다. 그러고 보니 매해 계절마다 유행하는 색깔이나 디자인이 넘쳐나는 여성복에 비해, 그다지 큰 흐름을 타지 않지만 브랜드에 따라 그 품격의 차이는 일반인들 눈에도 느껴지는 옷이 남성 정장이란 생각이 문득 떠올랐다. 역시 아는 만큼 보인다고, 지금까지 알지 못했던 일들이 보이기 시작했다.

나이는 말 그대로 숫자에 불과할 뿐

그렇다면 이 디자이너는 왜 이탈리아 유학 직후나 심지어 의상 디자인 대학원 졸업 직후에 자기만의 브랜드숍을 꾸미지 않았을까?

"우선 가르치는 일이 좋았어요. 그 일 자체가 지루하거나 재미없거나 보람을 느끼지 않았다면 진작 그만두고 나만의 브랜드숍을 차리려 했겠지만, 그 일도 재미있었던 거죠. 그러면서 한편으론 남성 정장복에 대한 미련을 버리지 못하고 계속해서 공부하면서 실력을 키워나갔어요. 그렇잖아요. 가르치는 일도 재미있고 좋고, 그래서 해가 갈수록 점점 더 안정되고. 그러니 쉽게 내려놓지는 못하고…. 그런 거죠."

재능이 너무 많아도 고민인 경우라고 할까. 가르치는 일이 즐겁고 안정되니 쉽게 떨쳐버릴 수 없더라는 말은 충분히 공감이 간다. 현재 일이 싫고 힘겨워도 조직을 박차고 나오기가 힘든 터에, 하물며 재미있고 점점 더 안정적으로 자리를 잡는데 쉽게 그만두기란 쉬운 일이 아니니까 말이다.

그럼에도 육십대가 되어 서울산업진흥원 장년창업센터에 입주까지 하면서 끝끝내 자신의 비즈니스를 시작한 이유가 뭘까?

"한번은 해봐야겠다는 거죠. 내가 그걸 하고 싶어서 이탈리아 유학까지 다녀오고, 대학원에서 공부도 했는데 끝내 한번은 해봐야 후회가 없을 것 같았어요. 오십대까지 20년 동안 가르치는 일 실컷 했으니 이제 더는 미련없이 제 갈 길 가자는 생각이 들었죠."

역시 꿈이란 끝끝내 한번은 시도해봐야 하는 무엇인 것 같다. 아무리 현실적으로 재미있고 안정된 일이라도 꿈 앞에선 언젠가 자리를 내주게 되어 있는 게 아닐까 싶다. 거의 평생이라고 할 수 있는 20년 동안 디자인 강사로 활동한 그녀가 어떻게 자신의 브랜드 숍으로 전환할 수 있었을까?

"우선 지인을 통해 할리우드 스타들의 옷 기초 작업을 좀 도와주면서 패턴을 실제로 다루는 연습 아닌 연습을 시작했죠. 가르치는 일을 오래했지만 실제로 비즈니스에 뛰어들기 전에 어느 정도 연습은 필요하다 생각했거든요. 다음으로 지인을 통해 남성 지휘자와 연주자들의 지휘복이랑 연주복을 만들기 시작했어요. 이때까지만 해도 제 브랜딩 없이 그냥 작업했죠. 제가 원래 남성 정장에 가장 관심이 있다고 했잖아요. 그래서 그런지 지휘복이나 연주복 만드는 게 너무나 좋은 거예요. 그래서 이 작업을 하면서 '아, 나는 이 틈새 시장부터 진출해서 나만의 브랜딩을 해나가야겠구나'라는 사업계획 아닌 사업계획을 세우게 됐어요. 사실 그때까지만 해도 사업이 뭔지 비즈니스가 뭔지 하나도 몰랐는데 나중에 공부하고 나서 보니 그게 나만의 틈새 시장 전략을 수립한 거나 마찬가지더라고요. 무릇 무언가 자꾸 부딪쳐서 준비하다 보면 그렇게 길이 열리는 것 같아요."

안 그래도 평생 비즈니스 세계에는 발을 들여놓지 않았던 이 디자이너여서 어떻게 비즈니스를 시작할 수 있었는지 궁금했는데 비즈니스 공부 이야기를 꺼낸다. 어디서, 어떻게 비즈니스에 대한 공부를 하게 된 걸까?

"2013년이었어요. 그때까지 한 3년간 브랜드 없이 여기저기 네트워크를 통해 남성 정장 맞춤 일을 해오고 있었죠. 늦은 출발이었는데도 그렇게 쫓기는 마음이 들지는 않더라고요. 그냥 본격적인 비즈니스를 시작하기에 앞서, 이런 준비 아닌 준비 기간을 충분히 가져야겠다는 생각이 들었어요. 브랜드가 있고 없고를 떠나 워낙 옷 만드는 일 자체가 좋기도 했고요. 근데 때가 되어서 그런지, 어느 날 후배가 우연히 저더러 그 정도 준비했으면 이제 슬슬 창업센터 같은 곳에 지원해보지 그러냐는 거예요. 전 그때까지 창업센터가 뭔지, 그런 게 있는지도 몰랐거든요. 보기 답답했던지 후배가 직접 이것저것 알려주더라고요. 그렇게 우연히, 정말 우연히 서울산업진흥원 장년창업센터와 연결돼서 지원하고, 합격하고 그렇게 선이 닿아서 입주하게 되었어요. 그런데 입주하고 보니까, 여기가 제겐 완전히 비즈니스 학교인 거죠. 정말 너무너무 재미있게 이것저것 많이 배웠어요. 뭐랄까요, 본격적으로 브랜드를 런칭하기에 앞서 저에겐 너무나 좋은 디딤돌이 되어준 곳이죠."

오랜 기간 디자인연구소에서 가르치는 일을 하다 독립하여 수년 간 자신의 브랜드 없이 네트워킹을 활용해 남성 정장을 제작해왔다. 그러다가 '연주복 시장을 나만의 블루오션으로 특화해야겠구나'라고 생각한 순간 연결된 곳이 장년창업센터였다. 우연이라고만 하기에는 너무나 앞뒤가 딱딱 맞아떨어지는 것이 역시 준비되면 길이 열린다는 말이 다시금 실감 났다.

그렇게 타이밍이 딱 맞아떨어져서였을까. 이 디자이너는 누구보다 열심히 공부하여 장년창업센터에서 제공하는 모든 비즈니스 수업을 단시간에 흡수하고, 이제는 SWOT 분석이니 차별화 전략

수립 등의 비즈니스 용어들도 척척 구사하며 자신의 브랜드 런칭을 준비하고 있다. 바야흐로 육십대 싱글 비즈니스 우먼의 탄생이 예견되는 순간이다.

선택하고, 그다음엔 집중하길

이 길을 가는 데 싱글이어서 특별히 유리하거나 편한 점이 있을까?

"아무래도 시간적 자유겠죠. 이건 아마 저뿐만이 아니라 모든 싱글의 공통점이 아닐까 싶어요. 배우자가 있고 자식들이 있다면 당연히 내 시간의 일부를 그들과 나누어야 하잖아요. 그게 가족이니까. 하지만 저처럼 싱글인 경우는 제 시간을 100퍼센트 저 혼자 활용하니까 아무래도 시간적인 자유가 가장 유리한 점이라 할 수 있겠죠."

패턴 실력까지 갖춘 의상 디자이너로서 외골수 인생을 걸어온 이 디자이너, 그녀가 흔들림 없이 이 길을 걸어올 수 있었던 이유를 한 단어로 표현한다면?

"'좋아서'죠, 옷이 좋아서. 단지 그뿐이었지 뭔가 거창한 이유는 없었어요. 그땐 몰랐지만 의상학을 전공하던 대학 시절부터 저는 뼛속까지 옷쟁이였던 것 같아요."

거창한 이유는 없다지만, 올올이 장인정신을 느끼게 해주는 이 디자이너. 그녀에게 살면서 인생의 지침이 되었던 책이 있다면 어떤 책이었을까?

"법정 스님의 《무소유》예요. 거기 그런 이야기가 나오잖아요. 난이 좋아 난을 키우는데, 키우다 보니 난에게 매인 나 자신을 보고 난조차 없애버리셨다는 말씀요. 그 장면이 참 좋고 인상적이었어요. 무소유란 것이, 그래서 삶에서 홀가분하다는 것이 어떤 의미인지 확 깨달아졌다고나 할까요. 그래서 그런 마음을 지니려다 보니, 두렵거나 조바심 나는 일이 없어지는 것 같더라고요. 그러면서 그냥 제 일에만 더 집중해서 걸어오게 된 듯해요."

욕심 없이 그저 자기 일에만 몰두하여 걸어온 인생. 그 자체로 참으로 값지고 빛난다는 느낌이 들었다. 인생의 책으로 《무소유》를 꼽는 그녀. 어쩐지 '뼛속까지 옷쟁이'라는 말과 맞닿아 진정한 장인정신이 전해져 오는 듯했다. 그런 그녀에게 끝으로 인생 후배들에게 하고 싶고 해줄 수 있는 말이 무엇인지 물었다.

"선택하고 집중하라는 이야기를 해주고 싶어요. 사람은 누구나 살면서 수없는 선택과 마주하게 되잖아요. 그리고 삶이란 것이 하나를 선택하면 다른 하나는 놓치게 되고. 그래서 공평한 건가 싶기도 하고요. 그런 만큼 무언가 하나를 선택했으면 용기를 내 집중하라고 하고 싶어요. 하나를 선택하고도 나머지 것을 기웃거리거나 미련을 두고 그러다 보면, 막상 내가 선택한 것에도 최선을 다하지 못하게 되죠. 그래서는 아무것도 이룰 수 없는 게 인생이에요. 과감히 선택하고, 선택했으면 용기를 내 거기에만 집중하라고 말해주고 싶네요."

인간은 누구나 수많은 욕망을 지니고 하루하루 살아가는 존재인 듯하다. 그래서 때론 하나를 쥐고 내가 쥐지 못한 걸 열망하며 살아가는지도 모르겠다. 혹시 지금 이 시각에도 그런 미련으로 아까운 시간을 허비하는 후배가 있을까? 처음부터 끝까지 옷쟁이로서 외길 인생을 살아온 이 디자이너. 그녀의 조용하지만 정곡을 찌르는 한마디를 뒤로하고 긴 시간의 인터뷰를 마쳤다.

로드맵 1: 꿈 혹은 천직을 찾았는가?

처음 대학 다닐 때는 오히려 깨닫지 못했던 옷쟁이에 대한 열망. 이후 10년이란 세월을 연구소에서 일하면서도 오래된 불씨가 꺼지지 않아 삼십대 중반이란 비교적 늦은 나이에 다시금 뛰어들었다. 진정한 천직이란 생각이다.

로드맵 2: 그 일이 자신의 성격과 기질에 맞는지 충분히 검토했는가?

지금까지 자신이 이 길을 걸어올 수 있었던 이유 자체를 '옷이 좋아서'라는 단 한 문장으로 표현했다. 성격과 기질에 맞고 안 맞고를 논하는 것 자체가 불필요하다는 느낌이었다.

로드맵 3: 천직의 시장성을 검토했는가?

의상 디자인이란 거시적 시장성을 논한다면 인류 역사가 시작된 이래 아니, 이브가 에덴동산에서 쫓겨난 이래 꺼지지 않는 분야가 아닐까 싶다. 이 디자이너의 비즈니스 목표가 개인 브랜드숍인 만큼 조금 더 미시적 안목에서 남성 전문, 그중에서도 특히 연주복 제작 및 대여 시장이란 블루오션의 시장성을 점검해봐야 한다. 앞으로 문화사업이 더욱더 발전할 수밖에 없는 현대 경제구조를 살펴볼 때, 이탈리아에서 패턴까지 공부한 그녀는 자신만의 차별화 포인트를 갖추고 자신만의 틈새 시장을 확실히 만들어낼 수 있으리라는 판단이 든다.

로드맵 4: 천직이 필살기 수준까지 도달하도록 수련했는가?

세상에서 가장 빨리 배우는 방법이 남을 가르치는 일이라고 한다. 그만큼 누군가를 가르치기 위해선 자신이 그 분야를 완전히 터득하여 습득하고 있어야 하기 때문이다. 그런 의미에서 디자인연구소에서의 20년 강사 생활은 이 디자이너의 콘텐츠를 필살기 수준 이상으로 끌어올렸다고 생각된다.

로드맵 5: 최소한의 생존경비는 확보하고 시작했는가?

싱글로서 비교적 안정적인 20년 강사 생활이 안전한 기반이 되어주었을 것으로 생각된다. 특히 사업을 시작했을 때 바로 자신의 스튜디오나 숍을 오픈한 것이 아니라 장년창업센터에서 철저한 비즈니스 교육을 거쳐 브랜드 런칭을 하는 경우이므로, 혼자 아무것도 모른 채 작게는 몇천부터 크게는 수억까지 자본금을 투자하는 일은 피해 갈 수 있을 것이다.

● 로드맵 6: 초기 수입의 다각화를 모색했는가?

강사 생활에서 오는 안정된 뒷받침이 있었음에도, 오히려 자신의 브랜드 없이 스스로 네트워킹을 활용해 남성 정장을 맞춤 제작하는 일을 벌였다. 이 디자이너는 연습 기간이라 말하지만, 일의 성격상 이 기간에 충분히 자신만의 수익모델을 만들었을 것으로 예측된다. 누구보다 안정적으로 1인 지식기업가의 길로 들어섰다고 본다.

● 로드맵 7: 멘토가 있었는가?

특정 인물을 멘토로 삼고 있지는 않았지만, 대학 졸업 후 10년 동안 일했던 연구소의 박사님들 모두에게서 인생을 살면서 중요한 많은 것을 배웠다고 한다. 특히 인성적인 면이나 삶을 대하는 가치관 등이 이때 대부분 형성되었다고 한다. 좋은 토양에서 10년 동안 삶의 기초공부를 탄탄히 한 것이 그 후 자신만의 길을 큰 흔들림 없이 걸어오게 한 밑바탕이 아닐까 싶다.

● 로드맵 8: 1인 지식기업가 초창기, 나보다 큰 커뮤니티에서 채널 마케팅을 시작했는가?

이미리 디자이너는 비즈니스 준비 기간에 자신의 네트워크를 활용해 남성 연주복 시장에 진출하고자 연습했다고 이야기했다. 이를 특별한 모임이나 커뮤니티라고 말하기는 어렵지만, 오랜 기간 자신의 분야에서 활동하며 나름대로 구축해둔 네트워크를 충분히 활용했다고 할 수 있다.

로드맵 9: 개인 마케팅의 정점인 책 쓰기를 시도했는가?

아홉 가지 로드맵 중에서 단지 이 부분만이 아직 결과물로 보이지 않고 있다. 아마 이 디자이너 자신의 브랜드를 런칭하고 어느 정도 시간이 흐르면 이 또한 기대해봐도 좋지 않을까 하는 생각이다.

9장

전략의 힘

: 수희향(1인회사연구소) :

수희향

- 호주 NSW 대학 및 동대학원에서 경영학 전공
- 컨설턴트와 호주 상공회의소 사무국장 역임
- 2009년 변화경영연구소, 2012년 한국 에니어그램 연구소 지도자 과정 수료
- AL 문화기획 설립: 1인 지식기업가들의 양성 프로그램인 '1인회사 연구소', 기질과 강점혁명을 연결한 '에니어그램 컨설팅연구소', 1인 지식기업가들의 출판기획 및 작가 매니지먼트사인 '북시네마' 및 1인 지식기업가들을 위한 기획, 창업 및 마케팅회사인 'AL 컨설팅' 운영
- 2013년 서울산업진흥원 소속 창업 닥터: 창업 컨설턴트, 경영진단 전문위원으로 활동 중
- 저서:《1인 회사》,《평생 현역으로 살아가는 법》
- 역서: 찰스 핸디의《신세대 기부자들》

더는
돌아갈 곳이
없다

11월은 겨울은 아니지만 그렇다고 가을 분위기도 더는 아닌, 한낮에도 잿빛 하늘과 알싸한 공기가 뼛속까지 고독감을 끌고 들어오는 계절이다.

계절 탓일까. 아님 1인 지식기업가의 길로 들어선 지 어언 3년 차임에도 여전히 돌파구가 보이지 않는 암담함 때문일까. 최근 들어 어쩌다 외출을 하면 먹빛 가득한 하늘이 낮게 내려와 나를 짓누르는 것 같은 게 본격적인 겨울을 더 두렵게 만들기도 한다.

그날도 그랬다. 아파트 창밖으로 내다본 거리는 서늘한 공기에 사람들의 발길마저 뜸해 황량했다. 마음이 시리다는 말은 이런 때 쓰는 말이리라. 문득 전화벨이 울린다. 전화는커녕 문자도 뜸한 날들, 누굴까 쳐다보니 스승님이다.

"먼 별이냐?"

스승님은 늘 당신이 지어주신 애칭으로 불러주신다.

중저음의 온기 가득한 스승의 목소리를 듣는 순간, 해 질 무렵 멀리 갔다 온 아빠를 맞은 아이처럼 나도 모르게 울음보가 툭 터져버렸다. 참고 참았던 눈물이다.

오래 참아서였을까…. 한번 터진 울음은 그칠 줄을 모른다.

한참을 울다 그제야 정신을 차린 나는 '아, 스승님께서 용건이 있으셔서 전화하셨을 텐데…' 싶어 죄송함과 황망함에 흐느낌의 여운을 담아 겨우 여쭙는다.

"죄송합니다. 용건이… 있으셨을 텐데요."

뭐가 그리 서러웠을까? 아마 두려움 때문이었던 듯하다. 아니 두려움이 서서히 공포심으로 변해가고 있어서였던 듯하다. 이러다 내 인생이 이대로 끝이 나는 건 아닐까 하는 두려움. 그리고 그 두려움이 저절로 커가며 하루하루 시커먼 공포심으로 나를 짓누르기 시작했다. 그 중압감이 너무도 서러웠던 것 같다.

"아니다. 별일 아니야. 계속 울거라. 괜찮다…."

대학원을 마치던 해, 아버지를 잃었다. 용돈 한 번 드리지 못한 것이 평생 아픔으로 남아 있다. 1인 지식기업가의 길을 완주하던 해, 스승을 잃었다. 홀로서기를 한 모습을 보여드리지 못한 것은 또 얼마나 오랜 시간 짐으로 가져가야 할지… 늘 괜찮다, 괜찮다며 기다려주시던 스승님이 말씀을 이어가신다.

"근데 먼 별아. 한 가지만 기억하거라.

너는 말이야. 너는 돌아갈 곳이 없다.

반드시 앞으로 나아가야 하느니라. 반드시."

순간, 11월 어두운 창밖이 하얗게 질리며 얼음물을 머리에 뒤집어쓴 듯한 기분이 들었다.

정신이 번쩍 드는 순간이었다.

'그렇지. 회사를 그만둔 지 3년 차, 이젠 이 사회 어디에서도 날 받아주는 곳은 없을 텐데. 내가 지금 뭘 하고 있는 거지? 정말 이대로 주저앉아 인생을 끝낼 수는 없잖아. 정신차려야 해, 정신! 어떻게든 일어나야 한다고. 어떻게든.'

얼굴은 눈물로 아직 축축한데 문자가 하나 들어온다. 스승님이시다.

"먼 별아. 오늘이 동지구나. 1년 중 밤이 가장 길다는 동지 말이야.

그런데 동지가 지나면 서서히 밤이 짧아진단다. 그게 자연의 순리지.

나오너라. 밥 먹자꾸나."

그렇게 1인 지식기업가로의 1만 시간 중 가장 춥고, 깜깜하고, 길었던 3년 차 밤이 지나가고 있었다. 그리고 2012년 11월 첫 책 《1인 회사》가 세상에 나오게 되었고, 드디어 나는 1인 지식기업가로 홀로서기를 시작하였다. 회사를 그만둔 지 꼭 8천 시간이 지난 시점이었다.

비즈니스와 인문학의 접점에
뿌리를 내리다

AL문화기획 수희향 대표는 시드니에서 대학교와 대학원을 마치고 한국에 돌아와 컨설턴트로 조직 생활을 시작하였다. 하지만 영화에서 보던 멋진 커리어 우먼과는 너무도 거리가 먼 회사 생활에 그녀의 매일은 고되기만 하였다고 한다. 무엇이 그리도 힘들었을까?

"야근이요. 야근이야 뭐, 사실 우리나라 대부분 기업에서 있는 일이긴 하지만, 거의 매일 밤 10시까지 일해야 하는 건 정말이지 견디기 힘들었어요. 어쩌다 밤 8시쯤 퇴근하려다 보면 '요즘 할 일 없나 보지?'라고들 하셨거든요. 솔직히 그때는 어떻게 해야 그곳을 탈출할 수 있을지 매일같이 그 생각만 했던 것 같아요."

그렇게 1년의 경력을 쌓고 외국계 컨설팅 회사는 좀 낫겠지 하는 마음으로 이직을 했다. 그런데 나아진 게 없었다. 이곳에서는 IMF 직후 몇 개 회사가 컨소시엄으로 일하는 흐름에 편승해 정부 관련 대형 프로젝트에 소속되어 일을 했는데, 2년간 매주 토요일에도 꼬박 근무를 했고 설날에도 일을 했다고 한다. 오히려 한국계는 그때 한창 토요 휴무제가 시작되던 때였는데 말이다. 말만으로도 당시 무척 참담했을 것 같다.

"그때 제가 처음으로 새벽에 운동을 시작했어요. 매일 아침 8시에 출근해서 밤 11시까지 일을 하며 점심 때 잠깐, 그것도 허겁지겁 밥을 쑤셔넣는 것처럼 먹고는 돌아와 다시 일했거든요. 그러니 밤이 되면 다리가 퉁퉁 붓는 거예요. 일요일이 되면 온종일 시체처럼 꼼짝도 못 하겠고요. 이렇게 일하다 진짜 큰일나겠다 싶어서 독한 마음으로 새벽에 일어나 운동을 시작했죠. 정말 두 번 다시 겪고 싶지 않은 시간이었어요."

그래서 그녀는 프로젝트가 끝나자 스카우트 제의도 마다하고 칼퇴근이 가능한 호주 상공회의소 사무국장 자리로 옮겼다고 한다. 사무국장으로 첫 출근을 하고 퇴근하던 날, 회사에서 풀려나와 거리에 발을 디뎠을 때, 아직 환한 바깥 세상이 너무도 신기했다고 한다. 그렇게 나름대로 커리어를 쌓아가던 그녀가 어느 날 갑자기 무너졌다고 하는데 무슨 일이 생겼던 걸까?

"어느 날 그런 느낌이 들었어요. 저는 엄청나게 빨리 달리고 있다고 생각하는데, 사방에 온통 안개가 끼어 앞은 보이지 않고 아무리 달려도 같은 자리를 맴도는 것 같은 거예요. 내가 지금 뭘 하고 있는 거지? 나는 행복한가? 이런 질문들이 문득 떠오르더니 그다음부턴 심적으로 종잡을 수 없을 만큼 허물어지기 시작했어요. 내 인생에 나는 없고, 오직 사회에서 요구하는 대로 몰아붙이며 살아온 저를 본 거죠…. 더는 한 발짝도 뗄 수 없을 것 같은 상황에 부딪혀 그대로 무너져버렸어요."

《내 삶에 변화가 찾아올 때》의 저자 윌리엄 브리지스가 말하는 2차 성장기의 징후, 즉 내면의 울림이었던 듯하다. 그래서 그녀는 어떻게 했을까?

"한동안은 무기력하게 보냈어요. 어찌해야 할지도 모르겠고. 시간이 그렇게 흐르다 보니까 벼랑 끝에 몰리는 기분이 들었어요. 평생 결혼도 포기하고 일만 바라보며 너무 한 방향으로 저 자신을 몰아온 게 한꺼번에 터져버린 거죠. 그래서 어떻게든 현실에서 좀 떨어져 있어야 살 것 같아서 산사수행을 들어갔어요."

그때가 2008년 11월, 그녀가 지금까지 이어오고 있는 산사수행의 첫걸음이었다고 한다. 하지만 산에 있을 땐 좋았지만 나오니 다시 변함없는 현실 앞에 절망할 수밖에 없었다.

새 길을 찾아야 한다는 절박함

그런 그녀에게 지인 한 분이 변화경영연구소를 소개해주었다고 한다. 그렇게 그녀는 2009년 변화경영연구소 5기 연구원이 되었고, 연구원 생활 이후 회사도 그만두고 1인 지식기업가의 길을 걷기 시작한다.

연구원 모두가 회사를 그만두는 건 아닐 텐데 그녀는 왜 그렇게까지 했을까?

"어릴 때부터 제일 좋아하던 일이 책 읽기였어요. 그러면서 막연히 글을 쓰며 살고 싶다는 꿈을 꾸었는데 어떻게 하다 보니 글과는 거리가 먼 길을 걷게 된 거죠. 근데 변경연 커리큘럼이 주야장천 읽고 쓰기였어요. 그것도 제가 늘 목말라하던 깊이 있는 인문고전서들이고요. 처음에 회사를 그만둘 땐 지금까지 열심히 살아왔으니 올 한 해는 스스로에게 안식년을 선물로 주자는 생각이었어요. 그때까지만 해도 1인 지식기업가의 길을 걸을 생각까지는 못 했었죠."

그런데 어떻게 해서 1인 지식기업가의 길을 걷게 되었을까?

"1년이 지나자 다니던 회사에서 연락이 왔어요. 그간 잘 쉬었을 테니 돌아오라고요. 하지만 그때는 저 자신이 이미 1년 전의 제가 아니었던 거죠. 1년 동안 스승님의 가르침과 주옥같은 인문고전 책들에 물이 든 거예요. 그동안 그토록 애썼지만 왜 한순간도 일에서 만족하지 못했는지, 왜 매일이 쳇바퀴 돌리듯 무력감에 빠져 행복하지 않게 여겨졌는지 등을 알게 된 거죠. 새로운 세상에 눈을 떴다고나 할까요. 그때 회사로 다시 돌아가면, 이제 두 번 다시 이런 세상에는 발을 들여놓을 수 없을 것만 같았어요. 모르고 살았을 때도 힘들었지만, 알고 나서 다시 옛날로 돌아가는 건 더 끔찍할 것 같았어요."

그렇게 2009년부터 시작하여 하루 8시간씩 1년에 2,000시간
을, 매일 꼬박꼬박 읽고 쓰기를 해야 한다는 스승의 가르침 그대
로 1인 지식기업가의 첫걸음을 내디뎠다고 한다.
그렇게도 원하던 일을 하게 되었으니 마냥 좋았을 것 같은데 과
연 어땠을까?

"극도의 불안과 극도의, 뭐랄까…, 그때까지만 해도 행복까진 아
니었던 것 같아요, 극도의 즐거움…이라고나 할까요? 아무튼 불
안과 즐거움, 극과 극의 두 감정 사이를 오르락내리락 하는 날들
이었어요. 예전에는 무기력에 젖어 발걸음도 무거웠다면, 이젠
현실 그리고 미래에 대한 불안과 꿈에 취한 채 책을 읽는 즐거움
사이를 왔다갔다 하게 된 거죠."

어느 쪽이든 쉽지는 않았을 것 같다. 그래서 가장 어려운 시기는
언제였을까?

"2011년이에요. 1인 지식기업가의 길을 걷기 시작한 지 딱 3년
차, 6,000시간에 접어들었을 때였어요. 그때가 가장 어려웠던

이유는 스승님 말씀처럼 돌아가기엔 너무 멀리 와버렸고, 아직 앞은 보이지 않는 암담함 때문이었죠. 지금 생각하면 조셉 캠벨이 《신화의 힘》에서 말한 심연을 통과하던 때였던 것 같아요. 새벽이 오기 전 가장 깜깜하다는 그 시점요."

어떻게 극복했을까?

"매일에 초점을 두고 몰입했어요. 큰 목표 하나는 세워두었지만 결과물을 생각하거나 현실을 떠올리면 불안해서 견딜 수가 없잖아요. 그래서 저는 매일 아침 '오늘 하루만 잘 살자. 오늘 하루만 잘 살아내면 된다'라고 주문을 걸듯이 스스로에게 말해주었어요. 하루 혁명이 스승님의 가르침이기도 했고요. 그저 오늘 하루만 곡진히 살아내자 하는 마음으로 버텼던 것 같은데 그 마음은 사실 지금도 크게 다르진 않아요."

그렇게 하루하루가 차곡차곡 쌓여서 조금씩 작은 승리가 만들어지고, 그러면서 결국 8,000시간이 끝나가던 2012년에 첫 책 《1인 회사》가 출간되었다. 책이 나온 후, 낮과 밤이 바뀌듯 1인 지식기업가로서의 그녀의 세상 또한 달라졌을까?

"1인 지식기업가에게 책이 필수 항목인 건 맞는 것 같아요. 요즘은 스펙도 워낙 비슷비슷해서 1인 지시기업가로서 자신의 콘텐츠를 가장 확실히 차별적으로 보여줄 수 있는 게 책이거든요. 하지만 책 한 권이 전부는 아니에요. 책이 한 권 나왔다고 해서 그 자체로 하루아침에 삶이 달라지진 않거든요. 다만 크고 작은 기회의 문들이 열리거나 스스로 만들어가기 때문에 어찌 보면 책이 나온 그때부터 본격적인 1인 지식기업가의 세상이 시작된다고 할 수 있는 것 같아요."

그러니까 책이란 퍼스널 브랜딩을 하는 데 무엇보다 차별화 포인트가 될 수는 있겠지만, 그 자체로 인생 2막을 구축해주지는 않는다는 의미이리라.

그렇다면 그토록 힘들게 1만 시간을 걸어와 그녀가 누리는 행복이란 무엇일까? 책까지 내고도 그때부터 시작이라면, 1인 지식기업가의 길이란 게 과연 어떤 점에서 좋다는 걸까?

"선택이죠. 내 삶을 스스로 선택할 수 있다는 자유. 예전엔 매일이 엄청나게 바쁘게 흘러갔지만 도대체 내가 왜 이렇게 바쁘게 살아야 하는지 한 번쯤 멈춰 헤아려 본 적조차 없었어요. 그런데 1인 지식기업가의 길을 걷기 시작하고부터는 스스로에게 선택권이 주어진다는 사실이 너무나 신기했어요. 하루 24시간을 제 마음대로 조절할 수 있다는 것이 그러하고, 욕심만 좀 내려놓으면 일도 선택해서 할 수 있고. 심지어 일하는 공간까지 조절할 수 있잖아요. 살면서 선택권이 있다는 것이 얼마나 좋은 건지, 이건 정말이지 경험하지 않고서는 알 수 없죠. 말로 표현하기 어려울 정도니까요."

예전에 연봉이 오르거나 승진을 했을 때조차 행복보단 알 수 없는 허무함에 공허했다는 그녀. 그래서인지 지금은 결과도 결과지만 하루하루의 과정이 좋다고 한다. 아무래도 선택의 힘이 큰 것 같다는 생각이 들었다.

책 이야기에 수다스러워지는 그녀

그토록 책을 좋아한다는 그녀에게 '내 인생의 책'은 무엇일까?

"아, 굉장히 많아요. 도저히 한 권으론 답하기 어려운데요. 우선 1인 지식기업가의 길로 접어들 때는 찰스 핸디의 《코끼리와 벼룩》이었어요. 어두운 사막을 건너는 데 등불이 되어준 듯한 책이었어요. 다음으로 긴 여정을 걸어오는 힘이 되어준 건 조셉 캠벨의 《신화의 힘》, 프리초프 카프라의 《현대 물리학과 동양사상》 그리고 《금강경》이에요. 이 세 권은 각자 분야는 다르지만, 결국 우리는 우주라는 '인드라망'의 한 조각임을 알려주는 책들이에요. 제 안에도 아름다운 소우주가 살아 숨쉬고 있다는 걸 깨닫게 해주었어요. 끝으로 예전에는 전공서적을 읽느라 손도 못 대던 문학 쪽 책을 최근에야 읽기 시작했는데 그중에서도 헤르만 헤세와 오에 겐자부로는 연대순으로 따라 읽고 있어요. 이 두 대가는 연대순으로 자기 성장의 궤도를 드러내며 인간이란 존재가 자기 성장의 길을 치열히 걸을 때 얼마나 위대해질 수 있는지를 잘 보여주는 것 같아요. 물론 지금까지 읽은 책보다 아직 못 읽은 책이 훨씬 많으니 제 인생의 책은 앞으로도 계속 늘어날 거예요."

다른 질문엔 다소 소극적이더니 책 이야기가 나오자 갑자기 말이 많아진다. 역시 그녀는 책과 글 속에 있을 때 행복한 것 같아 보였다.

그런 그녀의 멘토는?

"우선은 산사수행 자체가 제 멘토이자 저의 중심을 잡아주는 가장 중요한 뿌리라고 생각해요. 다음이 수행으로 저를 이끌어주신 엄마예요. 수십 년 기도를 이어오면서 이제 노년에 이른 엄마 모습은 참 평화롭고 맑으신 것 같아요. 젊어선 당신 존재 자체가 희미해질 정도로 자식들 뒷바라지해주시고 어느 순간부턴 기도를 잡고 나이 드시는 모습이 참 대단해 보여요. 새벽과 저녁 스탠드 불빛 아래 조용히 기도하는 엄마의 뒷모습이 저를 잡아주는 또 하나의 중심이죠. 그리고 끝으로 이제는 고인이 되신 구본형 선생님이에요. 제겐 아버지 같고 스승 같은 분이셨어요. 스승님이 아니셨으면 1인 지식기업가로서의 저도 없었겠죠."

그런 그녀가 1인 지식기업가로의 1만 시간을 견딜 수 있던 힘을 한 단어로 요약하자면?

"엄마가 늘 말씀해주시는 '인생은 인과의 법칙'이라는 말씀과 스승님께서 가르쳐주신 맹자의 말씀 중 '흐르는 물은 웅덩이를 채우지 않고는 앞으로 나아가지 않는다'는 '유수지위물야불영과불행(流水之爲物也 不盈科不行)'이에요. 결국 두 분 말씀 모두 인생은 절대 질러갈 수 없다는 뜻이니, 힘들 때마다 '내가 아직 부족함이니 묵묵히 노력하자'라고 자신을 일깨우며 걸어왔어요."

갑자기 1만 시간이 참 짧지 않은 무게감으로 다가왔다. 이제 1만 시간을 지나 2만 시간으로 가는 두 번째 사이클을 시작한 그녀는 이제 막 1인 지식기업가의 출발선에 섰거나 계획 중인 인생의 후배들에게 무슨 말을 해주고 싶을까?

"선택과 집중이요. 먼저 선택에 대해서 이야기해볼게요. 살다 보면 하고 싶은 일, 이루고 싶은 일이 참 많은 것 같은데 1인 지식기업가의 길이란 그렇게 모든 걸 펼쳐놓고 갈 수는 없는 거거든요. 그렇게 해서는 오직 나 자체로 승부수를 던져야 하는 시장에 나만의 콘텐츠를 뭉쳐내기 어려우니까요. 그러므로 어떡하든 '나=브랜딩'이 될 수 있는 콘텐츠를 선택해야 하는데, 선택을 하기 위한 첫걸음이 '나 자신부터 바로 알기'예요. 망고가 인기가 높다고 한들 사과나무인 나한테 망고 열매를 맺으라 할 수는 없는 일이잖아요. 그렇게 외부 환경에 흔들려서는 갈 수 있는 길도 아니고요. 그러니 우선 내가 누구인지, 가장 잘하는 것이 무엇인지, 어떤 일을 가장 좋아하는지 스스로에게 묻고 스스로 선택하는 것, 이것이 가장 중요한 출발점이 되어야 해요."

그렇다면 집중의 의미는?

"하루죠. 실행하는 하루라고나 할까요. 사람들은 흔히 1만 시간이라는 어감 자체에 눌려버리곤 하는 듯해요. 막상 걷기 시작하면 그만큼 힘든 것도 사실이고요. 하지만 저는 강의를 할 때도 그렇고 우리 연구소 연구원들에게도 늘 '하루 혁명'을 강조하고 있어요. 하루에 집중해서 눈을 뭉치고 뭉치다 보면 언젠가는 결과물이 나오게 되어 있거든요. 다만 그러기 위해서는 다시 원점으로 돌아가서 콘텐츠를 찾아야 해요. 세상의 유행이 아니라 자기 안에서 말이죠. 그래야 어떤 환경 변화에도 흔들림 없이, 조급함도 내려놓고 자신과 자신의 콘텐츠에 집중할 수 있을 테니까요."

정리하자면 '저마다 잘할 수 있고 좋아하는 일을 선택해서 매일 집중해서 실행하는 길', 그 길이 1인 지식기업가의 길이라는 의미겠다. 참으로 간결하고 명쾌하지만, 그래서 더 어려운 길이 될 수도 있겠다는 생각이 든다. 매사 '빨리빨리'에 익숙해진 우리에겐 게임의 룰 자체가 완전히 다른 길이라는 느낌도 들었다. 결과를 빨리 보고 싶다는 조바심, 앞이 안 보이는 답답함. 이 모든 어려움을 뚫고 가는 방법이 '선택과 집중'이라 하니, 어쩐지 그 단어에서조차 창끝 같은 날카로움이 느껴졌다. 세상 어떤 방패도 뚫을 수 있는 창 말이다.

1인 지식기업가가 되어 가장 좋은 점이 자신의 삶을 스스로 선택하여 꾸릴 수 있게 된 점이라고 말하는 1인회사연구소의 수희향 대표. 그녀가 2만 시간을 완주했을 때는 과연 어떤 이야기를 풀어놓을지 무척 기대되는 시간이었다.

1인 지식기업가로 가는 실행 로드맵 점검

로드맵 1: 꿈 혹은 천직을 찾았는가?

어릴 때부터 가장 좋아했던 일이 책 읽기였고 막연하게나마 글을 쓰고 싶다는 꿈을 꾸었다고 한다. 하지만 대학교 전공부터 시작해서 이후 사회 생활까지 글과는 점점 더 멀어졌다. 그런 현실 속에서 글쟁이가 된다는 건 그야말로 꿈이라고만 생각했던 그녀가 변화경영연구소 연구원이 되면서 다시금 그 가능성을 찾아 1인 지식기업가의 길을 떠나게 되었다고 한다.

로드맵 2: 그 일이 자신의 성격과 기질에 맞는지 충분히 검토했는가?

1인 지식기업가의 길을 걷기 시작하면서 단계별로 그 길을 걷기 위해 주력 일을 기획자로 삼으면서도 날마다 하루같이 기꺼이 투자할 수 있었던 일은 책 읽기였다고 한다. 글을 쓰는 일은 소재가 떨어지면 어쩌다 쉬는 날도 있었지만, 책 읽기만큼은 1인 지식기업가 7년 차에 접어드는 현재까지도 거의 하루도 빼놓지 않고 해오고 있단다. 이를 보면 책 읽기와 글쓰기가 기질적으로 좋아하는 일임에는 틀림이 없는 듯하다.

로드맵 3: 천직의 시장성을 검토했는가?

글쟁이로 사는 것이 과연 시장성이 있을까를 논하기는 참 쉽지 않은 일인 것 같다. 하지만 그 범위를 좁혀서 자기계발서와 인문학을 접목하여 그녀만의 블루오션을 개척한다면 이야기는 좀 달라질 것 같다. 그녀는 걸을 때는 힘들었는데 뒤돌아보니 자신이 비즈니스 세계에 몸담고 있었던 그 시절도, 1인 지식기업가로 터닝하면서 걸었던 지난 6년간의 세월도 모두 헛된 순간들은 아니었음을 이제야 비로소 깨달을 수 있었다고 한다. 그런 만큼 지금 그녀가 자신만의 틈새 시장으로 개척하고 싶어 하는 분야는 순수문학에서의 글이 아니다. 비즈니스와 인문학을 접목하여 더욱 많은 사람이 자신 안의 꿈을 찾아 1인 기업가로서의 주체적 삶을 꾸려갈 수 있도록 다양한 경로를 안내하는 책을 자신의 전문 분야로 삼고 싶다고 한다. 시장이 얼마나 커질지는 모르겠지만, 자신만의 틈새 시장인 것만큼은 맞는 것 같다.

로드맵 4: 천직이 필살기 수준까지 도달하도록 수련했는가?

1인 지식기업가로 전환한 뒤 2013년 1만 시간을 완주하였으니 필살기 수련은 충분하다고 볼 수 있겠다. 그동안 하루 8시간씩 수련하고, 2015년 현재 1만 4,000시간째 같은 패턴을 유지하고자 애쓰고 있다고 한다.

로드맵 5: 최소한의 생존경비는 확보하고 시작했는가?

그녀 역시 한순간도 일을 멈추지 않고 해오면서 최소한의 생존경비는 확보하고 길을 떠난 셈이었다. 하지만 시작할 때 무수익 기간이 얼마나 오래될 지 등의 방법론은 아무도 가르쳐주지 않았기에, 1인 지식기업가로 접어든 초창기에는 번역 일도 마다하는 호기를 부리다 뒷날 심연 기간을 호되게 보내기도 했다. 그런 만큼 자신의 경험을 바탕삼아 《1인 회사》에서 최소 생존 경비를 논할 수 있었는데, 자신의 경험이 뒤에 오는 누군가에게는 도움이 되기를 바라는 마음이라고 한다.

로드맵 6: 초기 수입의 다각화를 모색했는가?

컨설턴트 출신답게 이 부분에서 전략적이었음이 드러났다. 처음 그녀가 회사를 그만둘 때는 정 급하면 번역을 하겠다는 생각이었다. 그런데 길을 걷다 보니 번역보다는 자신이 가고자 하는 길에서 수입 파이프라인을 만들어내는 것의 중요성을 깨닫고, 찰스 핸디에게서 배운 대로 자신만의 다양한 수입 포트폴리오를 만들기 위해 노력했다고 한다. 그 덕에 심연이 끝나는 시기부터는 자신의 현업을 최대한 활용한 기획 일로 다양한 수입 파이프라인이 만들어지기 시작하였다고.

그리고 거기서부터 얻어낸 경험을 바탕으로 현업 혹은 현업을 활용한 '주력 일', 자신이 1인 지식기업가의 길에서 승부수를 던지고 싶은 '승부 일' 그리고 밥벌이와 상관없이 하고 싶은 일을 마음껏 하는 '천직'으로의 3단계 '주승천(주력, 승부, 천직)' 과정을 만들어냈다고 한다. 역시나 경험이 낳은 결과물 중 하나인 듯하다.

로드맵 7: 멘토가 있었는가?

산사수행에 어머니 그리고 스승님까지. 어쩌면 그녀가 힘든 날들을 이겨내며 걸어올 수 있었던 가장 큰 버팀목이 아니었을까 싶다. 모든 예비 1인 지식기업가가 수행을 하거나 살아 있는 누군가를 스승으로 만나지는 못하지 않느냐는 질문에 수희향 대표는 '인문고전 읽기'의 중요성을 다시 한 번 강조한다.

무릇 인문고전 속의 주옥같은 가르침은 한 사람의 중심을 잡아주기에 충분하고, 더불어 1인 지식기업가들에겐 자신의 콘텐츠를 스펙을 넘어 차별화하기에 더없는 보고이기에, 인문고전 읽기 자체를 멘토로 삼아도 좋을 거라고 강조한다. 책 이야기만 나오면 이야기가 쉽게 끝나지 않는 그녀다.

로드맵 8: 1인 지식기업가 초창기, 나보다 큰 커뮤니티에서 채널 마케팅을 시작했는가?

맨 처음 그녀가 변화경영연구소 연구원이 되었을 때만 해도 책이 나오면 수희향이란 필명을 쓰려는 의도는 없었다고 한다. 하지만 몇 년 동안 연구소 홈페이지에서 수희향이란 아이디를 사용해오며 어느새 본명보다 더 알려지게 됐고, 자연히 필명으로까지 쓰게 되었다고. 본인이 의도하지 않은 사이에 채널 마케팅이 된 경우라 할 수 있겠다.

● **로드맵 9: 개인 마케팅의 정점인 책 쓰기를 시도했는가?**

1인 지식기업가로 전환한 뒤 8,000시간이 되던 2012년 11월 첫 책《1인 회사》를 출간하였고, 이후 후속작들을 계속해서 집필 중이다. 《1인 회사》 출간으로 삶이 하루아침에 달라진 것은 아니다. 다만 그 책을 바탕으로 그간 자신에게 실험하고 적용한 전략들을 프로그램화하여 1인 지식기업가 양성소인 1인회사연구소를 운영하며, 그녀의 또 다른 필살기인 출판 강연 기획 및 창업 컨설팅 일을 진행 중이라 한다. 그녀의 말처럼 한 권의 책이 삶을 바꿔주지는 않았지만, 선택의 폭을 넓혀준 것은 사실인 듯하다.

여성 1인 지식기업가들의
세 가지 포인트

한여름의 뜨거운 태양 아래서 남성 인터뷰를 한 것과 달리 여성들은 연말, 연초의 분주함과 추위 속에서 시작되었다. 다소 경직되고 딱딱했던 분위기의 남성들과 달리, 겨울 추위도 녹일 것 같은 미소 속에서 반겨주던 그녀들. 여성들을 겨울에 인터뷰해서 다행이란 생각이 들었다.

그러나 인터뷰를 시작함과 동시에 그 미소를 짓기까지 얼마나 오랜 길을 침묵 속에서 애쓰고 노력했는지 마음이 찡해졌다. 여성은 흔히 꽃에 비유되고는 하는데, 이제쯤은 알 것도 같다. 한 송이 꽃을 피우기 위해 얼마나 모질고 긴 시간을 침묵 속에서 견디며 그 시간을 품어내야 하는지 말이다.

인터뷰라기보다는 한 사람의 삶에 들어갔다 나오는 것 같은 이야기의 향연이었다. 1인 지식기업가의 길을 걷고 있는 여성들, 그녀들의 공통점은 남성 1인 지식기업가들과는 확연히 달랐다.

남성들은 다음 네 가지를 강조했다.

1. 좋아하는 일을 할 것

2. 로드맵을 기획할 것

3. 실행할 것

4. 멘토를 갖출 것

어떤 면에서 다소 정형적이고 시스템화된 이야기를 이구동성으로 제안하였다고 할 수 있다. 이에 비해 여성들은 그러한 시스템적 안내보다는 다음 세 가지 큰 공통점을 보여주었다. 그야말로 그녀들의 삶 속에서 배어 나온 아픈 현실 속 길잡이라 하겠다.

첫째, 여성들은 이미 1인 지식기업가였다

여성들은 이미 오래전부터 프리랜서로서 1인 지식기업가의 길을 걷고 있는 경우가 압도적이었다. 남성들이 이제야 자의 반 타의 반으로 회사 문을 박차고 나오는 걸 고민하는 것과 다른 면이다. 여성들 중 누군가는 아이 엄마라는 이유로, 또 누군가는 결혼

했다는 이유로, 혹은 단순히 여성이라는 이유로, 때론 조직의 문자체가 열리지도 않았고 사다리 타기에서 일찌감치 걷어차인 경우도 있었다. 어찌 되었건 대개의 경우, 여성이라는 어찌할 수 없는 생물학적 이유로 조직으로부터는 여전히 변방인이 되어야 하는 공통의 문제 앞에서 일찌감치 프리랜서의 길을 선택한 경우가 많았다.

그런 만큼 '위기가 곧 기회다'를 몸소 실천하고 있었다. 오랜 인고의 시간을 기회의 발판으로 삼기에는 너무나 오래 참아야 했던 경우도 있고, 너무나 많은 걸 포기해야 했던 경우도 있었다. 하지만 21세기 고령화 시대에선 어쩌면 프리랜서로 생존해온 그녀들의 노하우가 진정 빛을 발할지도 모르겠다는 생각이 들었다. 아주 작게 시작해서 조금씩 가치와 의미를 더해 자신만의 세계를 만들어가는 것. 1인 지식기업가의 기본 흐름을 그녀들에겐 설명할 필요도 없이 대부분이 이미 체득하고 있었다.

조직에 몸담고 있다 하더라도 상대적으로 약자일 수밖에 없거나, 일찌감치 독립하여 프리랜서로 살아왔거나 둘 중 어느 쪽이든 작은 것에서부터 차곡차곡 쌓아가는 삶의 흔적 속에서 더는 이론이 필요 없이 수많은 스몰 비즈니스를 키워내는 여성의 미래를 꿈꿔보았다. 여성성은 작은 것이 힘이고 아름다움이 될 수 있는 1인 지식기업가 시대에 딱 부합하는 특성이라 하겠다.

둘째, 결혼에 이어 출산 및 육아도 이젠 선택이다

누가 결혼과 육아가 의무라 할까. 이제 21세기 대한민국에선 결혼은 물론이고 출산과 육아도 선택이 될 것 같다.

딸들치고 어머니들로부터 "경제력이 있었다면 네 아버지랑 안 살았지"라는 이야기 한 번쯤 안 듣고 자란 사람이 없을 것이다. 물론 여성들이 경제력을 가지게 된 지금, 예전보다 가정이 붕괴되고 이혼율이 높아지는 게 합당하다는 의미는 아니다. 다만 가정을 지키기 위해선 여성 한쪽의 인고가 아니라 남편과 아내, 양쪽 모두의 노력이 필요하다는 얘기다.

그래서일까. 21세기 대한민국 여성들은 결혼도, 그리고 심지어 출산 및 육아도 선택하기 시작했다. 이젠 정말이지 골드 미스를 넘어 '골드 유부녀'란 신조어가 생길 것 같은 예감이다. 여기엔 아이를 타인의 손에 맡기고 싶지 않다거나, 시어머니나 친정어머니 어느 한쪽에 맡겨야 하는데 그 또한 어머니들 노년에 바람직하지 않다는 생각이 깔려 있었다. 어머니들 말년에라도 당신들 삶을 향유하고 즐길 권리가 있다는, 정말이지 자신의 삶을 소중히 여기기에 헤아릴 수 있는 신세대다운 생각이라 하겠다. 사회 표면적으론 잘 드러나지 않지만, 자신의 존재를 일을 통해서도 표출하고 싶어 하는 여성들 사이에선 좀 더 본격적인 생각거리가 될 것 같다.

셋째, 선택하고 집중하라

남성들에 비해 대개 여성 인터뷰이들은 유달리 '선택과 집중'을 강조하였다. 돌아서 가만히 생각해보니 이 역시도 여성성과 뗄 수 없는 측면이 아닌가 싶다.

이제는 남성들도 결혼 앞에서 이런저런 이유로 고민하는 경우가 많지만, 한 세대 전만 해도 남성들이 일과 결혼 앞에서 고민하는 경우는 극히 드물었다. 반면 여성의 경우는 일찌감치 선택 아닌 선택을 강요받아왔다. 그리고 출산, 육아까지 이어지는 난관들 앞에서도 마찬가지였다.

어쩌면 여성으로 산다는 것은 그 자체가 선택의 연속곡선일지도 모르겠다. 모든 걸 취할 수 없는 존재들인 만큼 선택해야 하고, 한 가지를 선택해서 그 하나만이라도 지키기 위해선 당연히 집중할 수밖에 없고. 그러다 보니 프리랜서 혹은 1인 지식기업가의 길에서도 그녀들에겐 '선택과 집중'이 어느새 자연스러운 코드처럼 각인된 느낌이 들었다. 누가 가르쳐주지 않아도 스스로들 알아서 선택하고 거기에 집중하는.

남성들이 1인 지식기업가 초기, 이것저것 다양성을 시도하며 포부도 당당하게 로드맵을 그려보는 것과는 달리, 여성들은 본능적으로 자신의 한계 속에서 선택하고 집중하며 걸어가려 한다. 남성과 여성의 가장 큰 차이점이기도 하다.

그래서일까. 여성들은 대부분이 '어머니'를 멘토로 꼽았다. 남성 사례에서는 어머니나 아버지가 멘토로 거의 등장하지 않았던 점과 극명한 차이를 보였다. 세계적인 신화학자이자 비교종교학자인 조셉 캠벨이 말하기를 남성들은 자신 안의 아버지를 딛고 재탄생할 때, 그때 비로소 온전한 성인이 된다고 한다. 하지만 여성이 온전한 성인 여성으로 성장해나가기 위해 자신 안의 어머니를 딛고 일어서야 한다고는 하지 않는다. 그런 만큼 여성들이 어머니를 멘토로 꼽는 데는 같은 성에 대한 연민, 말하지 않아도 이제는 당신들이 겪어왔을 인고의 세월을 알게 되었기 때문이리라. 그러면서 감사함과 미안함을 함께 느끼는 것이고. 무엇보다 어머니라는 자리 외에는 어떤 이름으로도 꽃피우지 못한 이전 세대에 대한 아픔을 공감하는 것이 아닐까.

21세기에도 여전히 대한민국 여성들은 자신의 길을 걷겠다 결심한 순간부터 생물학적으로나 사회적으로 선택의 갈림길에 놓이게 되는 것 같다. 그러나 그녀들은 조직에서 사다리 오르기 승부를 겨룰 수 없다면 때론 프리랜서로, 때로는 싱글 혹은 결혼 후 무자녀라는 선택을 해가면서까지 자신의 존재를 지키려 애쓰고 있었다. 그러면서도 정신적으로는 대지의 여신처럼 모든 걸 품어줄 것 같은 '어머니'라는 존재에 그 뿌리를 두고 있는 것 같다. 어머니라는 뿌리를 딛고 자신들만의 길을 선택하여 피워내는 꽃. 그것이 아마 현대 사회를 살아가는 여성들의 1인 지식기업가로의 길이 되는 것 같다.

에필로그

2013년 하반기를 1인 지식기업가의 길을 걷고 있는 남성 사례자들과 함께 보냈다면, 2014년에는 여성 1인 지식기업가들의 이야기 속에 파묻혀 살았다.

문득 '이 일을 왜 시작했을까?'라는 물음이 올라온다. 개인적으론 거의 1년이란 시간을 꼬박 매달려 있는데 과연 그 시간 동안 나는 무얼 깨우치고 무얼 나누고자 했을까 하는 생각이다. 2012년 첫 책《1인 회사》출간 후, 4년간의 경험을 요약하여 1인 지식기업가로의 아홉 가지 로드맵을 만들었다. 과연 이것이 일반적으로 통용되는 것인지 다른 사례들을 통해 확인하고 싶다는 마음이 이 긴 여정의 출발점이었다.

하지만 막상 남성 사례자들을 인터뷰하면서 알게 됐다. 나의 모델을 검증하는 것이 중요한 것이 아니라 이 땅 위에 아직 1인 지식기업가란 단어조차 생소할 때 그 길을 나선 이들의 이야기를 조금이라도 더 생생하게 전달할 필요가 있다는 것을 말이다. 그 강렬한 느낌을 피할 수가 없었다. 사회는 변하여 어느새 우리는 평생 한 번쯤은 1인 지식기업가의 길을 고려해야 하는 시대로 들어섰는데, 주변을 아무리 둘러보아도 그 길을 알려주는 곳이 없었다. 하지만 그렇게 아무것도 모르는 채 뛰어들기에는 이 길이 절대 만만하지 않다. 남성 사례들을 인터뷰하며 때론 코끝이 찡해 서로 애써 시선을 피하며 나누던 실패담들이 떠오르면 지금도 가슴이 먹먹하다.

그런가 하면 이번 여성 사례들을 인터뷰하면서는 우리 사회가 참 알게 모르게 뿌리부터 많이 변하고 있다는 생각이 들었다. 변함이 없는 듯한 일상의 흐름 속에서도 자신들의 한계 안에서 누구보다 치열하게 자신의 길을 찾아가고자 하는 여성들의 몸부림은 어느새 우리 사회를 근간부터 변화시키는 보이지 않는 큰 힘으로 작동하고 있음을 느낄 수 있었다. 의도하지 않았으나 거대한 미지의 세계를 훔쳐본 느낌이다.

여성 사례까지 다 정리하는 이즈음, 앞으로 우리나라에 1인 지식기업가의 세계가 예상보다 빨리 펼쳐질 수도 있을 것 같다는 생각이 들었다. 지금까지 여성이어서 프리랜서 세계에 남성들보다 한발 먼저 뛰어들었다면, 이젠 프리랜서로 사는 삶이 주로 외주 일을 받아서 해야 한다는 한계성을 절감하고 스스로 주체적인 삶으로 전향하고자 조용한 혁명을 일으키고 있는 수많은 여성 프리랜서가 있기 때문이다. 어쩌면 그녀들이 남성들보다 더 풍요로운 콘텐츠와 노하우를 앞세워 1인 지식기업가의 길을 선도할지도 모르겠다는 생각이 든다.

물론 아직도 이 길은 대부분의 사람에게 '가지 않은 길'이다. 그렇기에 더 많은 기회가 발견되기를 기다리고 있고, 그렇기에 누구도 알 수 없는 장애물 또한 웅크리고 있을 것이다. 그러나 그렇기에 먼저 용감히 뛰어드는 누군가에겐 진정한 블루오션이 될 수도 있으리라.

그런 만큼 나 역시 앞으로도 이 여정을 멈추지 않을 것이고, 계속해서 이정표들을 찾아 뒤에 오는 이들을 위해 흔적을 남기는 것이 나의 역할이라 믿고 있다. 그리하여 뒤에 오는 이들이 조금은 더 즐기면서 이 길을 걸을 수 있다면, 그것이야말로 이 일을 왜 시작했는지에 대한 가장 좋은 답이 될 것 같다.

수희향